PRISMA Physik 1

Rheinland-Pfalz 7–10

Heinz Joachim Ciprina
Simone Dietze

Ernst Klett Verlag
Stuttgart · Leipzig

So lernst du mit PRISMA

Damit du dich schneller in deinem Buch zurechtfindest,
gibt es hier eine kurze Einführung.

Die Einstiegsseiten
führen mit spannenden Fragen
und interessanten Bildern in ein
neues Thema ein.

Prisma-Code
führt zu Materialien im Internet

Arbeitsblätter
erkennst du am Schwarz-weiß-Druck.

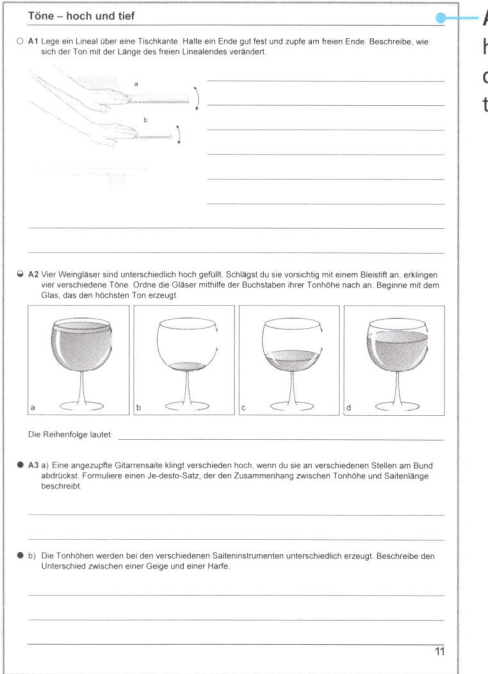

Arbeitsblatt
hier kannst du
dein Wissen
testen.

Basiskonzept-Seiten, Abschluss-Seiten und Extra-Seiten
erkennst du an der Farbhinterlegung.

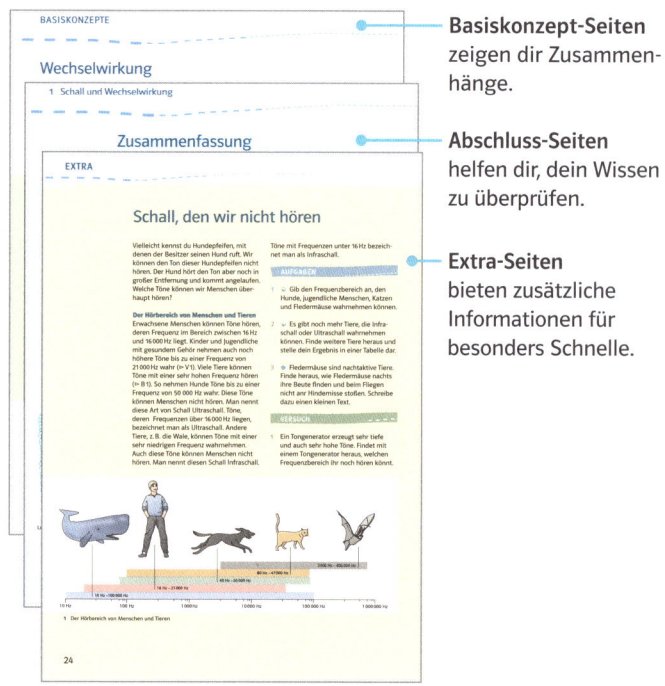

Basiskonzept-Seiten
zeigen dir Zusammen-
hänge.

Abschluss-Seiten
helfen dir, dein Wissen
zu überprüfen.

Extra-Seiten
bieten zusätzliche
Informationen für
besonders Schnelle.

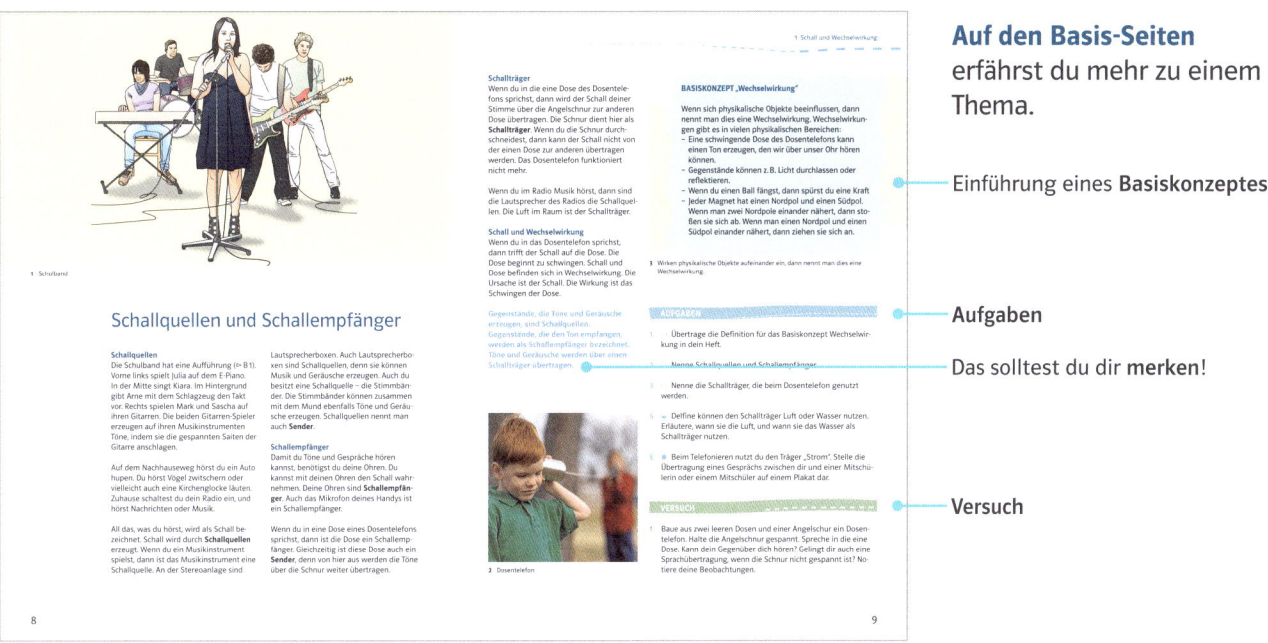

Auf den Basis-Seiten
erfährst du mehr zu einem Thema.

Einführung eines **Basiskonzeptes**

Aufgaben

Das solltest du dir **merken**!

Versuch

Symbole im Buch

1 Schülerversuch: Auch die Schülerversuche darfst du nur auf Anweisung der Lehrkraft durchführen. Die allgemeinen Hinweise zur Vermeidung von Unfällen beim Experimentieren müssen bekannt sein.

1ᴸ Lehrerversuch

! Gefahrenhinweis: Hier müssen besondere Vorsichtsmaßnahmen getroffen werden.

 Super!

 Wenn du noch Fragen hast, dann schau auf dieser Seite nach.

▷ B2 Bildverweis

► Verweis auf ein Basiskonzept oder eine andere Seite

Aufgaben:

○ einfach
◒ mittel
● schwer

Zusatzangebote im Internet:

Auf den Einstiegsseiten im Buch findest du Prisma-Codes.

🌐 3u6pa6

Diese Codes führen dich zu weiteren Informationen, Materialien oder Übungen im Internet. Gib den Code einfach in das Suchfeld auf **www.klett.de** ein.

Einführung eines Basiskonzeptes

Inhalt

1 Schall und Wechselwirkung

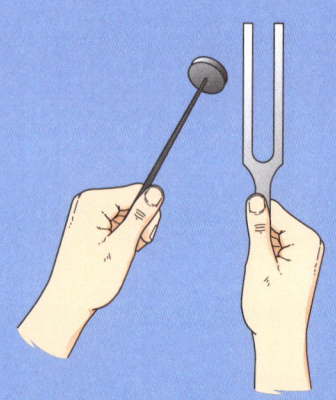

- Wie entstehen eigentlich die Töne bei einer Gitarre und bei anderen Musikinstrumenten?

- Wie hören wir überhaupt?

- Kann laute Musik tatsächlich unserem Gehör schaden?

- Wie entstehen hohe und tiefe Töne?

- Wie breitet sich Schall aus?

1 Schulband

Schallquellen und Schallempfänger

Schallquellen

Die Schulband hat eine Aufführung (▷ B1).
Vorne links spielt Julia auf dem E-Piano.
In der Mitte singt Kiara. Im Hintergrund
gibt Arne mit dem Schlagzeug den Takt
vor. Rechts spielen Mark und Sascha auf
ihren Gitarren. Die beiden Gitarren-Spieler
erzeugen auf ihren Musikinstrumenten
Töne, indem sie die gespannten Saiten der
Gitarre anschlagen.

Auf dem Nachhauseweg hörst du ein Auto
hupen. Du hörst Vögel zwitschern oder
vielleicht auch eine Kirchenglocke läuten.
Zuhause schaltest du dein Radio ein und
hörst Nachrichten oder Musik.

All das, was du hörst, wird als Schall bezeichnet. Schall wird durch **Schallquellen**
erzeugt. Wenn du ein Musikinstrument
spielst, dann ist das Musikinstrument eine
Schallquelle. An der Stereoanlage sind
Lautsprecherboxen. Auch Lautsprecherboxen sind Schallquellen, denn sie können
Musik und Geräusche erzeugen. Auch du
besitzt eine Schallquelle – die Stimmbänder. Die Stimmbänder können zusammen
mit dem Mund ebenfalls Töne und Geräusche erzeugen. Schallquellen nennt man
auch **Sender**.

Schallempfänger

Damit du Töne und Gespräche hören
kannst, benötigst du deine Ohren. Du
kannst mit deinen Ohren den Schall wahrnehmen. Deine Ohren sind **Schallempfänger**. Auch das Mikrofon deines Handys ist
ein Schallempfänger.

Wenn du in eine Dose eines Dosentelefons
sprichst, dann ist die Dose ein Schallempfänger. Gleichzeitig ist diese Dose auch ein
Sender, denn von hier aus werden die Töne
über die Schnur weiter übertragen.

Schallträger

Wenn du in die eine Dose des Dosentelefons sprichst, dann wird der Schall deiner Stimme über die Angelschnur zur anderen Dose übertragen. Die Schnur dient hier als **Schallträger**. Wenn du die Schnur durchschneidest, dann kann der Schall nicht von der einen Dose zur anderen übertragen werden. Das Dosentelefon funktioniert nicht mehr.

Wenn du im Radio Musik hörst, dann sind die Lautsprecher des Radios die Schallquellen. Die Luft im Raum ist der Schallträger.

Schall und Wechselwirkung

Wenn du in das Dosentelefon sprichst, dann trifft der Schall auf die Dose. Die Dose beginnt zu schwingen. Schall und Dose befinden sich in Wechselwirkung. Die Ursache ist der Schall. Die Wirkung ist das Schwingen der Dose.

Gegenstände, die Töne und Geräusche erzeugen, sind Schallquellen. Gegenstände, die den Ton empfangen, werden als Schallempfänger bezeichnet. Töne und Geräusche werden über einen Schallträger übertragen.

BASISKONZEPT „Wechselwirkung"

Wenn sich physikalische Objekte beeinflussen, dann nennt man dies eine Wechselwirkung. Wechselwirkungen gibt es in vielen physikalischen Bereichen:
– Eine schwingende Dose des Dosentelefons kann einen Ton erzeugen, den wir über unser Ohr hören können.
– Gegenstände können z. B. Licht durchlassen oder reflektieren.
– Wenn du einen Ball fängst, dann spürst du eine Kraft.
– Jeder Magnet hat einen Nordpol und einen Südpol. Wenn man zwei Nordpole einander nähert, dann stoßen sie sich ab. Wenn man einen Nordpol und einen Südpol einander nähert, dann ziehen sie sich an.

3 Wirken physikalische Objekte aufeinander ein, dann nennt man dies eine Wechselwirkung.

AUFGABEN

1 ○ Übertrage die Definition für das Basiskonzept Wechselwirkung in dein Heft.

2 ○ Nenne Schallquellen und Schallempfänger.

3 ○ Nenne die Schallträger, die beim Dosentelefon genutzt werden.

4 ◒ Delfine können den Schallträger Luft oder Wasser nutzen. Erläutere, wann sie die Luft und wann sie das Wasser als Schallträger nutzen.

5 ● Beim Telefonieren nutzt du den Träger „Strom". Stelle die Übertragung eines Gesprächs zwischen dir und einer Mitschülerin oder einem Mitschüler auf einem Plakat dar.

VERSUCH

1 Baue aus zwei leeren Dosen und einer Angelschnur ein Dosentelefon. Halte die Angelschnur gespannt. Spreche in die eine Dose. Kann dein Gegenüber dich hören? Gelingt dir auch eine Sprachübertragung, wenn die Schnur nicht gespannt ist? Notiere deine Beobachtungen.

2 Dosentelefon

Hoch und tief, laut und leise

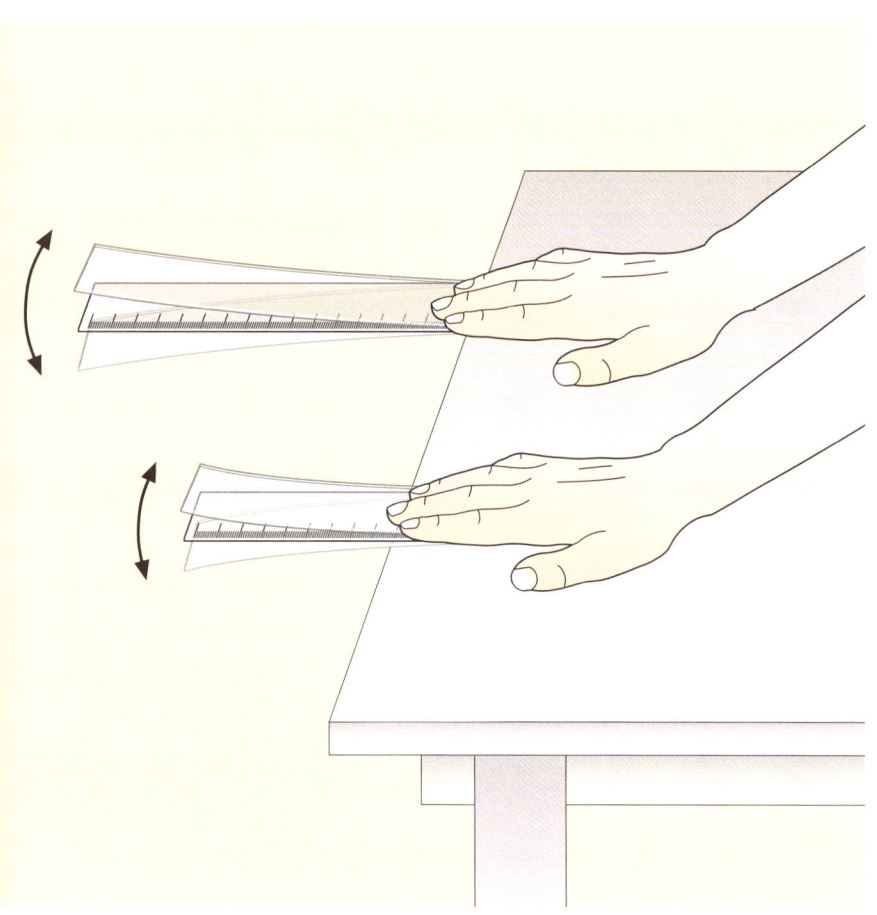

1 Das Lineal als Schallquelle

Hohe und tiefe Töne

Die Höhe des Tons hängt davon ab, wie lang der schwingende Teil des Lineals ist. Schwingt ein langes Stück des Lineals (▷ B 1, oben), kann man diese Bewegung meist sehen. Das Lineal schwingt langsam und erzeugt einen tiefen Ton. Schwingt ein kurzes Stück des Lineals (▷ B 1, unten), kann man die Schwingungen kaum sehen. Das Lineal schwingt jetzt schnell und erzeugt einen hohen Ton.

Laute und leise Töne

Um einen lauten Ton zu erzeugen, muss man die Schallquelle stärker anschlagen. Das bedeutet beim Lineal, dass man das freie Ende stärker biegen muss. Nach dem Loslassen schwingt dann das Lineal stärker aus.

Eine Schallquelle erzeugt einen Ton, wenn sie schwingt. Schnelle Schwingungen führen zu einem hohen Ton, langsame Schwingungen zu einem tiefen Ton. Je stärker eine Schallquelle ausschwingt, desto lauter ist der Ton, den wir hören.

Schall und Schallquellen

Wenn du dir im Kino einen Film ansiehst, dann hörst du viele verschiedene Töne. Die Lautsprecher übertragen die Geräusche und die Musik des Films. Du hörst andere Kinobesucher mit Popcorn rascheln oder ein Getränk schlürfen. Stuhlsitze klappern, manche Kinobesucher husten, andere lachen laut.
All das, was du hörst, nennt man **Schall**. Verursacht wird dieser Schall von verschiedenen **Schallquellen**. Mit einfachen Versuchen kannst du herausfinden, wie Schall erzeugt wird. Drückst du das Ende eines Lineals fest auf eine Tischplatte (▷ B 1) und zupfst du am anderen freien Ende, so schwingt das Lineal und es entsteht ein Ton.

AUFGABEN

1 ○ Zähle verschiedene Schallquellen auf, die Schall in deinem Klassenraum erzeugen.

2 ○ Beschreibe, wie du mit einem Lineal verschieden hohe und verschieden laute Töne erzeugen kannst.

3 ◕ Wie wird bei einer Gitarre und einer Trommel der Schall erzeugt? Beschreibe die Vorgänge.

4 ● Auch du bist eine „Schallquelle". Wenn du singst, dann wird ein Ton erzeugt. Erkundige dich und erkläre.

Töne – hoch und tief

○ **A1** Lege ein Lineal über eine Tischkante. Halte ein Ende gut fest und zupfe am freien Ende. Beschreibe, wie sich der Ton mit der Länge des freien Linealendes verändert.

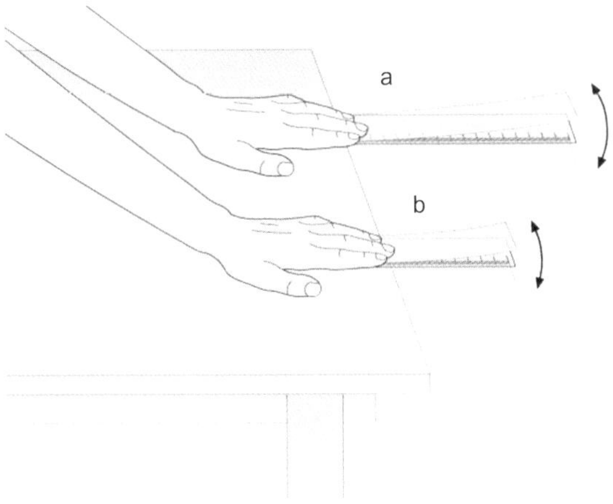

_____

_____

_____

_____

_____

_____

_____

◑ **A2** Vier Weingläser sind unterschiedlich hoch gefüllt. Schlägst du sie vorsichtig mit einem Bleistift an, erklingen vier verschiedene Töne. Ordne die Gläser mithilfe der Buchstaben ihrer Tonhöhe nach an. Beginne mit dem Glas, das den höchsten Ton erzeugt.

Die Reihenfolge lautet: _____

● **A3** a) Eine angezupfte Gitarrensaite klingt verschieden hoch, wenn du sie an verschiedenen Stellen am Bund abdrückst. Formuliere einen Je-desto-Satz, der den Zusammenhang zwischen Tonhöhe und Saitenlänge beschreibt.

_____

_____

● b) Die Tonhöhen werden bei den verschiedenen Saiteninstrumenten unterschiedlich erzeugt. Beschreibe den Unterschied zwischen einer Geige und einer Harfe.

_____

_____

1 Eine Explosion erzeugt einen Knall.

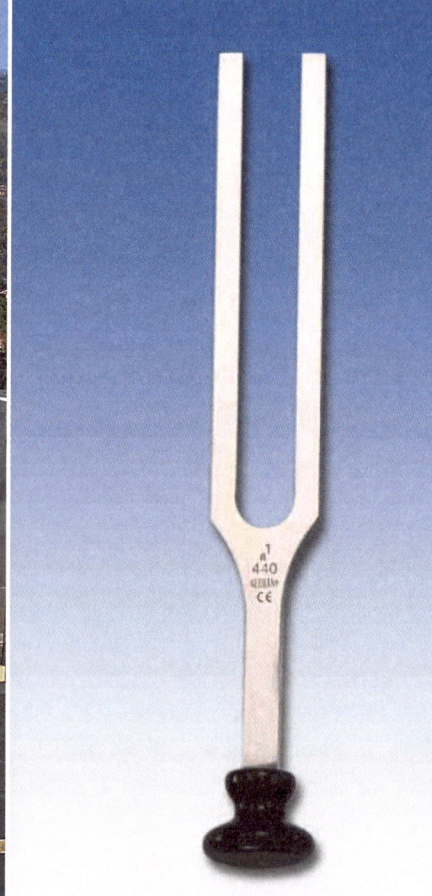

2 Eine Stimmgabel erzeugt einen Ton.

Schallarten

Schall ganz unterschiedlich
Die Bilder 1, 2 und 4 zeigen dir verschiedene Arten der Schallerzeugung. Was du dabei hörst, kannst du als **Ton** (▷ B 2), **Geräusch** (▷ B 4) und **Knall** (▷ B 1) unterscheiden.

Schall sichtbar machen
Um Schall sichtbar zu machen, benutzt man ein Oszilloskop (▷ B 5).

Der vom Mikrofon aufgenommene Schall wird auf dem Bildschirm des Geräts angezeigt. Abhängig von der Art des Signals, das die Schallquelle erzeugt, sind auf dem Bildschirm unterschiedliche Anzeigen zu sehen (▷ B 3). Beim Ton einer klingenden Stimmgabel erscheint z. B. eine regelmäßige Wellenlinie.

Tonhöhe und Frequenz
Auf einer Stimmgabel findest du eine Zahl und dahinter die Abkürzung Hz. Wenn du verschiedene Stimmgabeln anschlägst und sie nach der Höhe der Töne ordnest, wirst du feststellen: Je größer die Zahlenangabe auf der Stimmgabel ist, desto höher ist der Ton, den wir hören.
Die Zahl auf der Stimmgabel gibt an, wie oft sich die Stimmgabel in einer Sekunde hin- und herbewegt. Diese Schwingungszahl pro Sekunde bezeichnet man als

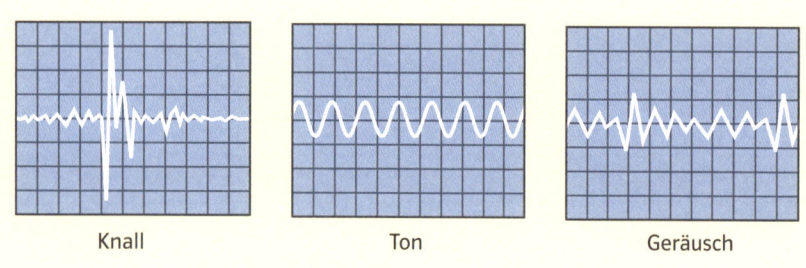

Knall   Ton   Geräusch

3 Anzeigen des Oszilloskops bei verschiedenen Schallquellen

4 Die Schleifmaschine erzeugt Geräusche.

schlägt sie aus und desto lauter ertönt sie. Der Ausschlag der Wellenlinie auf dem Bildschirm nimmt mit der Lautstärke zu. Der maximale Ausschlag wird als **Amplitude** bezeichnet. Je größer die Amplitude ist, mit der ein Körper schwingt, desto lauter ist der Ton.

Bei einem Ton schwingt die Schallquelle regelmäßig.

Die Frequenz gibt die Zahl der Schwingungen (in Hertz) eines Körpers in einer Sekunde an. Je größer die Frequenz ist, desto höher ist der Ton.

Frequenz. Die Einheit der Frequenz ist das **Hertz** (Hz). Die Angabe 256 Hz bedeutet, dass sich diese Stimmgabel 256-mal in einer Sekunde hin- und herbewegt. Der Ton, den wir wahrnehmen, ist tief. Eine 512-Hz-Stimmgabel führt in jeder Sekunde 512 Schwingungen aus. Sie erzeugt einen höheren Ton. Die Einheit der Frequenz ist nach dem Physiker HEINRICH HERTZ (1857 – 1894) benannt. Sehr hohe Frequenzen werden auch in Kilohertz (kHz) angegeben. Es gilt: 1000 Hz = 1 kHz.

Die Lautstärke

Das Oszilloskop kann uns auch die Lautstärke eines Tons anzeigen. Je stärker du eine Stimmgabel anschlägst, desto weiter

1 ○ Zeichne in dein Heft das Bild, das ein Oszilloskop aufzeichnet, wenn eine Stimmgabel einen Ton erzeugt.

2 ○ Auf einer Stimmgabel steht die Angabe 1000 Hz. Erkläre, was das bedeutet.

3 ◕ Wie unterscheiden sich die Töne von drei Stimmgabeln mit den Aufschriften 440 Hz, 1000 Hz und 256 Hz? Erkläre.

4 ◕ Wie ändert sich das Bild auf dem Oszilloskop, wenn ein Ton immer leiser wird? Fertige eine Skizze an und erkläre.

5 ● a) Wie kannst du auf der Saite einer Gitarre einen lauten bzw. einen leisen Ton erzeugen? Beschreibe
b) Erkläre. Benutze dazu „Je..., desto...“-Sätze.

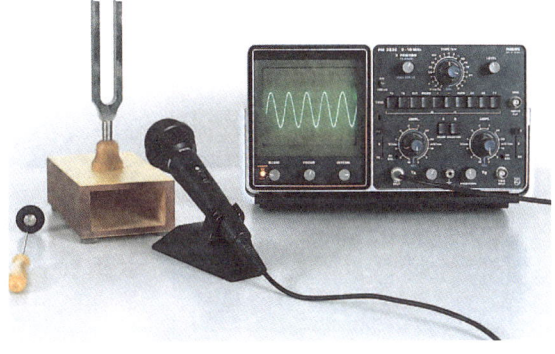

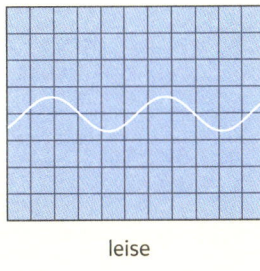

leise

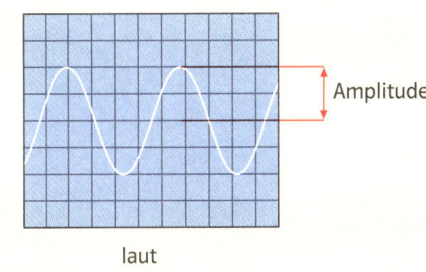

Amplitude

laut

5 Versuch mit dem Oszilloskop

13

Schallarten/Schallentstehung

○ **A1** Ordne folgende Schallquellen den verschiedenen Schallarten und ihren Schwingungsbildern richtig zu:
Stimmgabel, Blitzeinschlag, Donner, Gitarre, LKW-Motor, Geige, Schuss, Laubrascheln, platzender Luftballon, Klatschen, Harfe, Silvester-Böller.

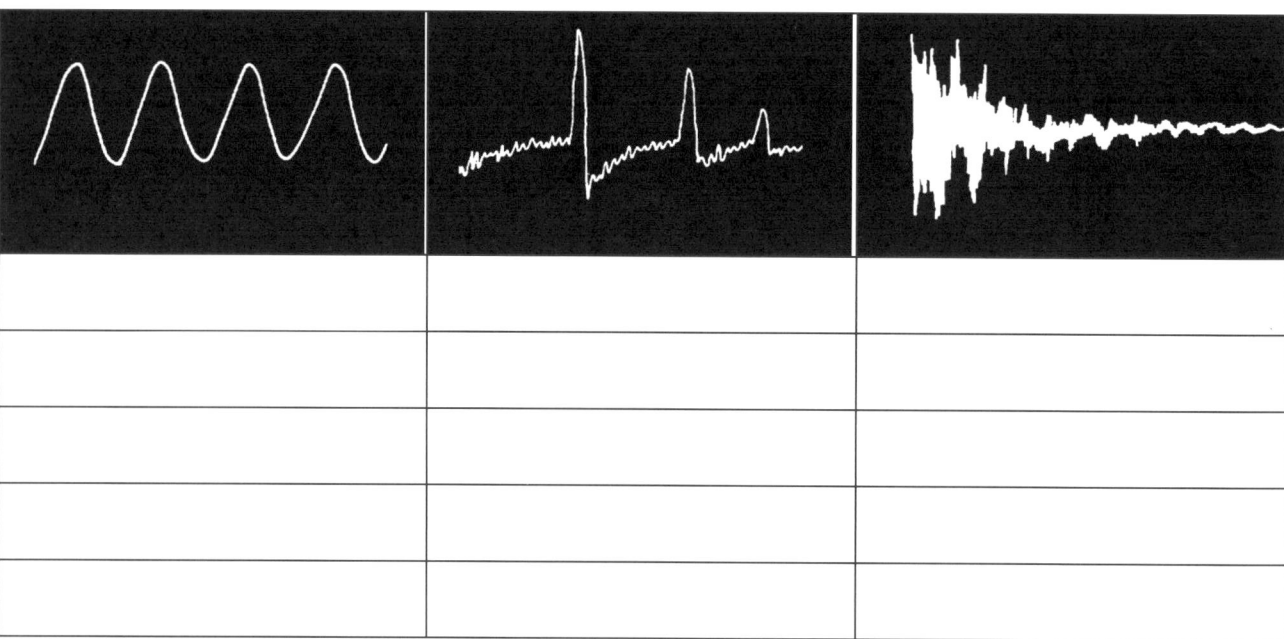

◑ **A2** a) Führe folgendes Experiment durch:
Fülle vier gleich große Flaschen unterschiedlich hoch mit Wasser. Blase über die Öffnung der Flasche, sodass ein Ton entsteht. Beschreibe, wie sich die Tonhöhe und die Frequenz des erzeugten Tons ändert, wenn sich die Höhe der Luftsäule in der Flasche ändert. Formuliere in der Form: „Je größer die Luftsäule ist, desto…". und „Je kleiner die Luftsäule ist, desto…"

_____

_____

_____

● b) Recherchiere drei Instrumente, bei denen auf diese Weise Töne verschiedener Höhe erzeugt werden.

_____

● c) Wie wird der Schall bei anderen Musikinstrumenten erzeugt? Nenne drei solche Instrumente und beschreibe kurz, wie dabei die Töne entstehen.

_____

_____

Schallstärke und Lautstärke

Gefühl contra Messung

Zwei Klingeln erzeugen doppelt so viel Schall wie eine. Die **Schallstärke** ist doppelt so groß.

Allerdings nimmt unser Gehör zwei Klingeln im Vergleich zu einer nicht als doppelt so laut wahr (▷ B 1). Deshalb müssen wir zwischen der Schallstärke und dem, was wir hören – nämlich der Lautstärke – unterscheiden.

Erst bei 10 Klingeln nimmt das Gehör die doppelte Lautstärke wahr, obwohl bereits die 10-Fache Schallstärke auf unser Gehör wirkt.

Mit einem Schallpegelmessgerät kann man die Lautstärke genau messen.

Die Maßeinheit der Lautstärke

Ein Schallpegelmessgerät misst die Lautstärke in Dezibel (A) (A bedeutet, dass die Skala an das menschliche Gehör angepasst ist).

Eine Zunahme der Lautstärke um 10 dB(A) entspricht einem Anstieg der Schallstärke um das 10-Fache. Sie wird von unserem Gehör aber als doppelte Lautstärke wahrgenommen.

Lautstärke und Frequenz

Wie laut wir einen Ton wahrnehmen, hängt auch von seiner Frequenz ab. Erhöht man die Frequenz von 100 Hz bis 2000 Hz mit einem Tonfrequenzgenerator, so scheint der Ton lauter zu werden, obwohl die Amplitude gleich bleibt. Der Mensch nimmt trotz unveränderter Schallstärke einen lauteren Ton wahr.

Die wahrgenommene Lautstärke nimmt viel langsamer zu als die tatsächliche Schallstärke.

Die Lautstärke wird in der Einheit Dezibel gemessen: 1 Dezibel (A) = 1 dB(A)

1 Zwei Klingeln – doppelte Lautstärke?

AUFGABEN

1 ○ Nenne die Maßeinheit für die Lautstärke.

2 ◗ Erkläre anhand der Anzahl von Klingeln den Unterschied zwischen Schallstärke und Lautstärke.

3 ● Recherchiere, welche Lautstärken bei unterschiedlichen Geräuschen, z. B. bei Blätterrascheln, Flüstern, vorbeifahrende Autos, LKWs, startende Flugzeuge, Presslufthammer, Discomusik, Lärm in der Pause auf einem Schulhof usw. entstehen. Stelle deine Ergebnisse dar.

1 Schallschutzwand

2 Presslufthammer

Lärm schadet dem Gehör

Lärm kann schaden

Jede Art von Schall, der uns stört, bezeichnen wir als Lärm – egal, ob es sich um Musik oder Motorengeräusche handelt. Manchmal kann Lärm mehr als nur störend sein. Lärm kann unser Gehör dauerhaft schädigen. Diese Gefahr besteht zum Beispiel für Jugendliche, die in Diskotheken oder mit dem MP3-Player regelmäßig sehr laute Musik hören. Bereits jeder vierte Jugendliche hat aus diesem Grund einen Hörschaden, der nicht mehr zu beheben ist. In bestimmten Berufen müssen die Menschen Lärmschutz tragen (▷ B 2).
Die dauerhafte Einwirkung von Lärm kann neben Gehörschäden auch andere Krankheiten auslösen, z.B. Herz-Kreislauf-Erkrankungen oder Schlafstörungen. Deshalb müssen wir uns gegen Lärm schützen.

Lärmschutzmaßnahmen

Du hast sicher schon festgestellt, dass Straßengeräusche bei Schneefall viel leiser sind. Der Schall, den die Autos erzeugen, dringt in die Hohlräume zwischen den Schneekristallen ein. Der Lärm, der sonst von der Straße reflektiert wird, wird vom Schnee absorbiert („verschluckt").
Der Schall wird gedämpft. Dieses Prinzip nutzt man an vielen Stellen zur Schalldämpfung z.B. in der Auspuff-Anlage eines Autos oder beim Schallschutz bei Bauarbeitern.

Lärm kann krank machen. Deshalb müssen wir uns vor Lärm schützen.

AUFGABEN

1 ○ Nenne Beispiele, bei denen Menschen schädlichem Lärm ausgesetzt sind.

2 ◔ In manchen Fällen bist du schädlichem Lärm ausgesetzt. Überlege, welche Maßnahmen du ergreifen kannst, damit du nicht schädlichem Lärm ausgesetzt bist. Welche weiteren Maßnahmen können zum Schallschutz getroffen werden (▷ B 1)? Begründe.

3 ● Für die Lämbelästigung in Wohngebieten gibt es gesetzliche Grenzwerte: 50 dB(A) am Tag, 35 dB(A) bei Nacht. Im Internet findest du Lärmkarten verschiedener Städte.
Vergleiche eine solche Karte einer Stadt mit den Grenzwerten.

Lautstärkemessung

○ **A1** Mit einem Schallpegelmessgerät kannst du die Lautstärke messen. Nimm ein Schallpegelmessgerät und bestimme in verschiedenen Situationen die Lautstärke. Zwei Vorschläge sind schon vorgegeben.

Situation	Lautstärke in dB(A)	Situation	Lautstärke in dB(A)
im Klassenzimmer			
in der Pause			

◖ **A2** a) In mehreren Situationen wurde die Lautstärke gemessen. Ordne den Bildern in der Tabelle die richtige Nummer aus der Skala zu.

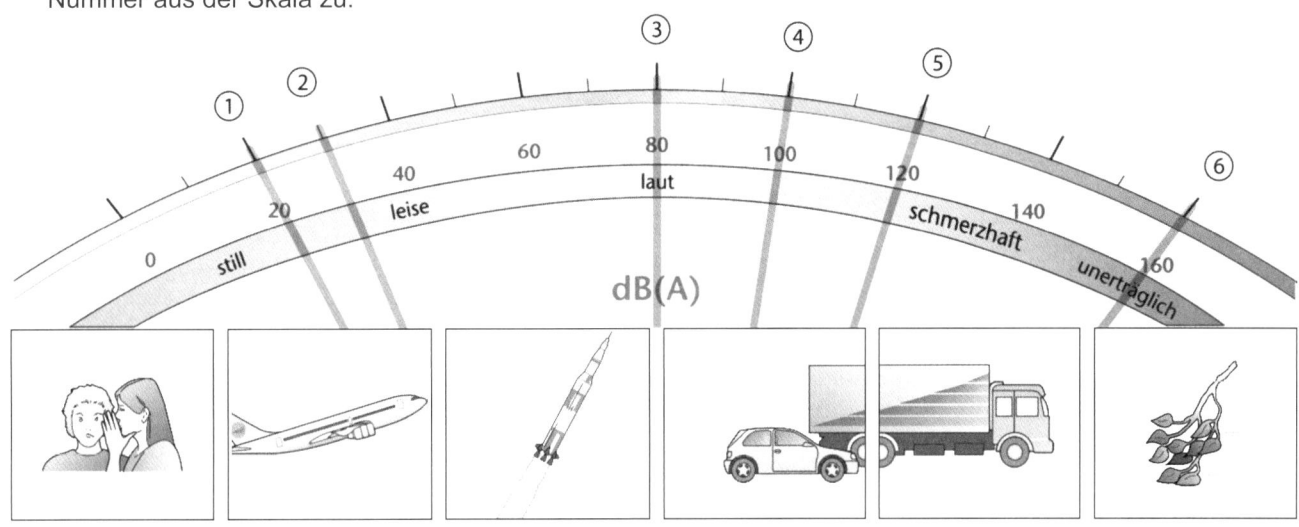

● b) Forscher haben herausgefunden, dass Lautstärken ab 130 dB(A) Schmerzen verursachen. Wenn Menschen dauerhaft von Lärm mit der Lautstärke 85 dB(A) und mehr umgeben sind, hat das auch eine schädigende Wirkung. Mehrere Situationen aus Teilaufgabe a haben diese Lautstärken.
Trage in die folgende Tabelle ein, welche Situationen das sind, welche Personen betroffen sind und wie sie sich schützen können.

Situation	Personen	Schutz

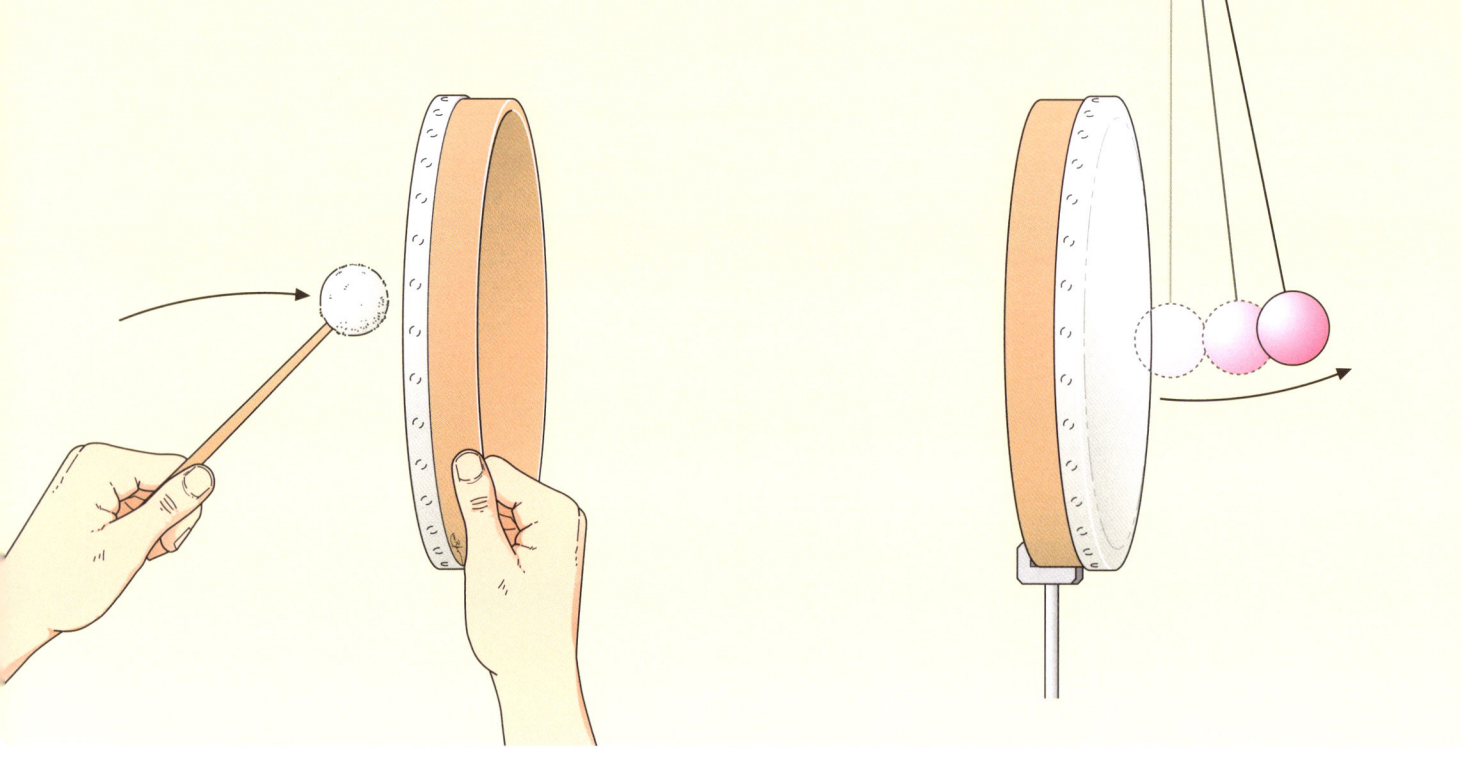

1 Wieso bewegt sich die aufgehängte Kugel?

Schallausbreitung – Schallträger

Wie breitet sich Schall aus?

Stell dir vor, du schlägst das linke Tamburin (eine Handtrommel) in Bild 1 an. Dabei beobachtest du gleichzeitig die Kugel am rechten Tamburin. Du wirst feststellen, dass sich auch die rechte Kugel bewegt. Dieser Versuch zeigt, dass sich Schall in der Luft ausbreitet. Durch das Anschlagen des Tamburins schwingt seine Haut. Es entsteht dabei ein Ton.

Die Luft vor dem Tamburin wird angestoßen. Diese Luft stößt weitere Luftteilchen an. Schließlich stößt die Luft auf das rechte Tamburin. Dessen Haut wird ebenfalls in Schwingungen versetzt.

Kann sich Schall auch ohne Luft ausbreiten?

Bei der Beantwortung dieser Frage kann in der Schule ein anderer Versuch helfen (▷ B 2).

Eine elektrische Klingel wird an einer Batterie angeschlossen: sie klingelt.

Die Klingel wird auf eine Schaumstoffunterlage unter eine Glasglocke gelegt. Wenn die Luft aus der Glasglocke abgepumpt wird, wird das Klingeln leiser. Es fehlt die Luft zur Weiterleitung des Schalls.

Schall kann sich nicht allein ausbreiten. Schall braucht deshalb einen **Schallträger**. In diesem Fall ist es Luft.

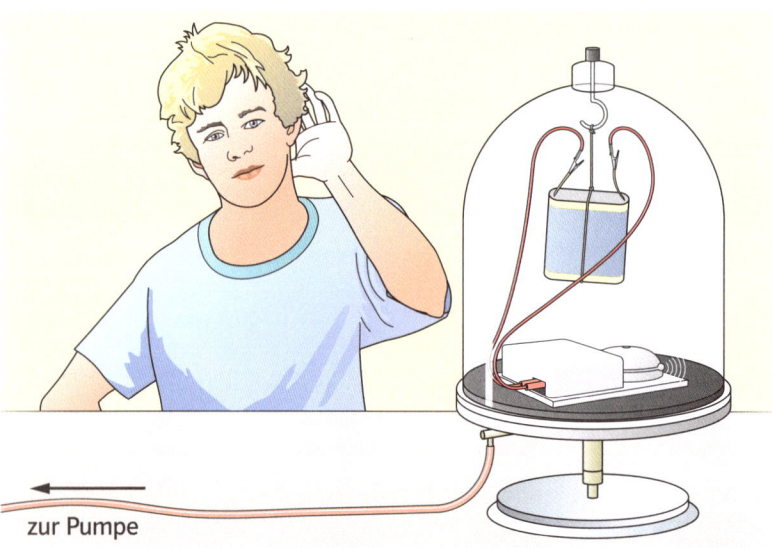

zur Pumpe

2 Ohne Luft ist kein Klingeln zu hören.

3 Wecker unter Wasser

Feste und flüssige Schallträger

Legst du dein Ohr wie in Bild 4 auf eine Tischplatte und klopft ein Mitschüler oder eine Mitschülerin leicht auf das andere Ende der Tischplatte, so kannst du das Klopfen gut hören. Auch wenn du das Ohr an einen Heizkörper hältst, wirst du es gut hören, wenn ein anderer an diesen Heizkörper klopft (▷ B 5).

Das funktioniert sogar, wenn du dein Ohr an einen Heizkörper hältst und die zweite Person an einen anderen Heizkörper im Raum klopft. Je nach Art der Heizungsanlage kann man manchmal sogar in einer Wohnung hören, wenn die Heizung im Keller repariert wird.

Legt man einen tickenden Wecker in eine wasserdichte Plastikdose und diese Dose dann in ein mit Wasser gefülltes Glas, so wird man das Ticken hören, wenn man sein Ohr über oder an das Glas hält. Diese Versuche zeigen, dass nicht nur Luft ein Schallträger ist. Auch feste und flüssige Stoffe leiten den Schall weiter.

Schall braucht zur Ausbreitung einen Schallträger. Luft ist ein Schallträger. Auch feste und flüssige Stoffe sind Schallträger.

AUFGABEN

1   ○   Nenne mindestens 4 Stoffe, in denen sich Schall ausbreiten kann.

2   ○   Erkläre, warum man das Klingeln nicht mehr hört, wenn die Luft unter der Glasglocke (▷ B 2) ausgepumpt wurde.

3   ◐   Pascal will das laute Ticken seines alten Weckers nicht mehr hören, weil es ihn beim Einschlafen stört. Er stellt den Wecker deshalb in eine kleine Holzkiste und schließt den Deckel. Wird er besser einschlafen? Begründe.

4   ◐   Begründe, warum man beim Tauchen unter Wasser Geräusche hören kann.

5   ●   In Bild 3 siehst du einen Wecker unter Wasser. Stelle ausführlich den Weg des Schalls vom Wecker bis zu deinem Ohr dar.

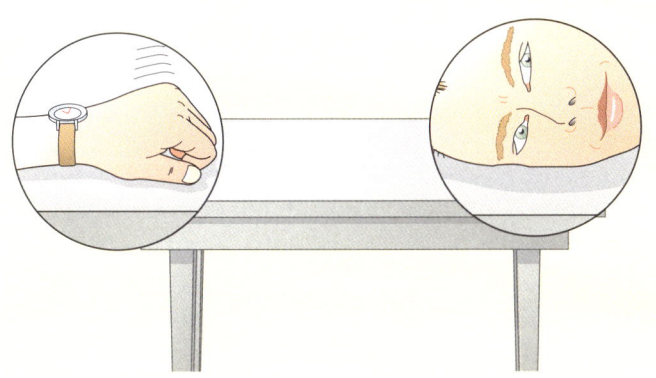

4 Klopfzeichen am Tisch

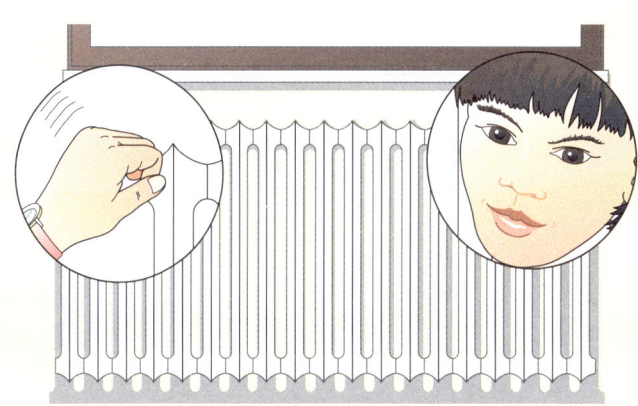

5 Klopfzeichen an der Heizung

1 Gewitter

Die Schallgeschwindigkeit

Blitz und Donner

Bei einem Gewitter hast du bestimmt schon beobachtet, dass du zuerst den Blitz siehst und erst später den Donner hörst (▷ B 1). Der Zeitunterschied entsteht dadurch, dass sich das Licht und der Schall unterschiedlich schnell ausbreiten. Das Licht ist sehr schnell, es legt in einer Sekunde ca. 300 000 km zurück. Der Schall ist viel langsamer, in einer Sekunde legt er in der Luft ca. 340 m zurück (▷ V 1).

Aus dem Zeitunterschied zwischen dem Blitz und dem Donner kannst du die Entfernung zum Gewitter ausrechnen. Bei einem Zeitunterschied von drei Sekunden war der Blitz 3 · 340 m ≈ 1 km von dir entfernt.

Verschiedene Schallgeschwindigkeiten

Der Schall ist in verschiedenen Stoffen unterschiedlich schnell. Zum Beispiel breitet er sich in Wasser mit 1 484 m/s und in Eisen mit 5 170 m/s aus. Im Gegensatz dazu ist die Luft ein Stoff mit einer kleinen **Schallgeschwindigkeit**.

In unterschiedlichen Stoffen breitet sich der Schall unterschiedlich schnell aus.

AUFGABEN

1 ○ a) Gib die Schallgeschwindigkeit in Luft, Wasser und Eisen an.
   ◕ b) Erkläre, warum du bei einem Gewitter zuerst den Blitz siehst und erst später den Donner hörst.

2 ◕ Rechne aus, wie weit der Blitz von dir entfernt war, wenn zwischen dem Blitz und dem Donner 9 Sekunden vergehen.

3 ● Schlag die Schallgeschwindigkeit in verschiedenen Stoffen nach. Finde eine Gemeinsamkeit für alle Stoffe, die eine hohe Schallgeschwindigkeit haben.

VERSUCH

1 Eine Schülerin oder ein Schüler stellt sich an den Anfang einer ca. 100 m langen Strecke und schlägt eine Starterklappe zusammen. Die anderen stellen sich an das Ende der Strecke. Sie beobachten das Zusammenschlagen der Starterklappe und achten darauf, wann sie den Schall hören.

Schallausbreitung im Teilchenmodell

Luft und Schallausbreitung

Der Schall benötigt einen Schallträger, um von einer Schallquelle zu deinem Ohr zu gelangen. Ohne Luft kannst du den Ton einer Stimmgabel nicht hören. Was geschieht in der Luft, wenn sie den Schall leitet?

Scheinbar gibt es keine Verbindung zwischen der Stimmgabel und deinem Ohr. Doch die Luft zwischen Stimmgabel und Ohr besteht aus vielen, winzig kleinen Teilchen. Sie sind so klein, dass man sie mit dem bloßen Auge nicht erkennen kann.
Du kannst sie dir wie Kugeln vorstellen, die sich in jede beliebige Richtung hin und her bewegen können.

Schallausbreitung durch Luftteilchen

Schlägst du die Stimmgabel an, dann schwingen ihre Enden schnell hin und her. Dabei stoßen sie die Luftteilchen an, die sich in der direkten Umgebung befinden. Auch diese Luftteilchen beginnen dadurch zu schwingen (▷ B 1).

Normalerweise herrscht zwischen den Luftteilchen ein größerer Abstand. Durch das Anstoßen nähern sie sich einander, es entsteht eine **Luftverdichtung**. Die Teilchen der verdichteten Luft stoßen die nächsten Luftteilchen an, diese wieder die nächsten usw.
Die Folge ist, dass sich die Luftverdichtung in der Luft ausbreitet.

Hinter der Luftverdichtung schwingen die Luftteilchen wieder zurück in ihre alte Lage. Dadurch entsteht eine **Luftverdünnung**. Auch die Luftverdünnung breitet sich in der Luft aus.
Schließlich schwingen auch die Luftteilchen, die sich in deinem Ohr befinden. Jetzt kannst du den Ton hören.
(► Wechselwirkung, S. 126/127)

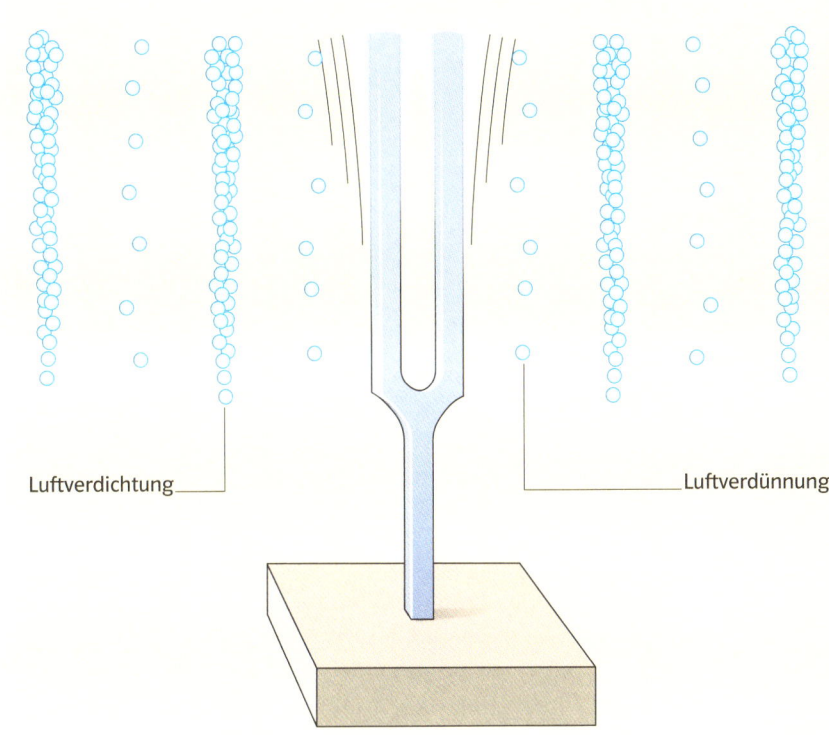

Luftverdichtung   Luftverdünnung

1 Schallausbreitung durch Luftverdichtungen und Luftverdünnungen

Schall breitet sich in der Luft durch Luftverdichtungen und Luftverdünnungen aus.

AUFGABEN

1 ○ Beschreibe, wie die Luftteilchen den Schall weiterleiten.

2 ◔ Kommentiere die Aussage: „Schall breitet sich aus, indem die Luftteilchen von der Schallquelle zum Ohr strömen".

3 ● Begründe, warum der Schall eine bestimmte Zeit benötigt, um von der Stimmgabel zu deinem Ohr zu gelangen. Benutze in deiner Antwort auch das Modell der kleinen Luftteilchen.

Die Ausbreitung des Schalls

○ **A1** Im linken Bild siehst du eine ruhende Stimmgabel. Sie ist umgeben von winzigen Luftteilchen. Schlägst du die Stimmgabel an, schwingen ihre Zinken sehr schnell hin und her (rechtes Bild).

Beschreibe mithilfe des rechten Bilds, wie der Ton der Stimmgabel an dein Ohr gelangt, indem du den Lückentext ausfüllst.

Die schwingenden Zinken der Stimmgabel stoßen die _____ an, von denen sie umgeben

sind. Die bewegten Luftteilchen _____ dann ihre benachbarten Luftteilchen an. Dieser Vorgang setzt sich

fort, bis sich auch die Luftteilchen im _____ bewegen. Im Ohr wird diese Bewegung weitergegeben und kommt

schließlich im Gehirn an. Ich _____ den Ton der Stimmgabel.

● **A2** Legt man eine laute Klingel unter eine Glasglocke, hört man das Signal etwas gedämpft. Wenn man nun langsam die Luft abpumpt, wird das Klingeln immer leiser und ist irgendwann gar nicht mehr zu hören. Erläutere diese Veränderung.

zur Pumpe

● **A3** In Science-Fiction-Filmen hört man häufig im Weltall explodierende Raumschiffe. Bewerte dies physikalisch.

Die Schallgeschwindigkeit

A1 Schall breitet sich in Luft langsamer aus als beispielsweise in Beton. Um zu zeigen, wie sich Schall ausbreitet, können mehrere Schüler eine Kette bilden, sodass jeder die Schulter des Vordermanns berührt.

a) Wenn du mit einer Stimmgabel einen Ton erzeugst, wird in diesem Modell der erste Schüler dieser Kette leicht angestoßen. Beschreibe die weiteren Vorgänge in diesem Modell.

b) Beschreibe und begründe, wie du mit diesem Modell darstellen kannst, dass sich Schall in Luft langsamer ausbreitet als in Beton.

A2 Wie schnell sich Schall ausbreitet, hängt von dem Material ab, das ihn weiterleitet. Recherchiere, wie schnell sich der Schall in den angegebenen Stoffen ausbreitet. Trage in die Kästchen die richtigen Schallgeschwindigkeiten ein:

340 m/s, 500 m/s, 1 480 m/s, 5 170 m/s, 18 000 m/s

Diamant	Luft	Kork	Wasser	Eisen

Die Ohren als Schallempfänger

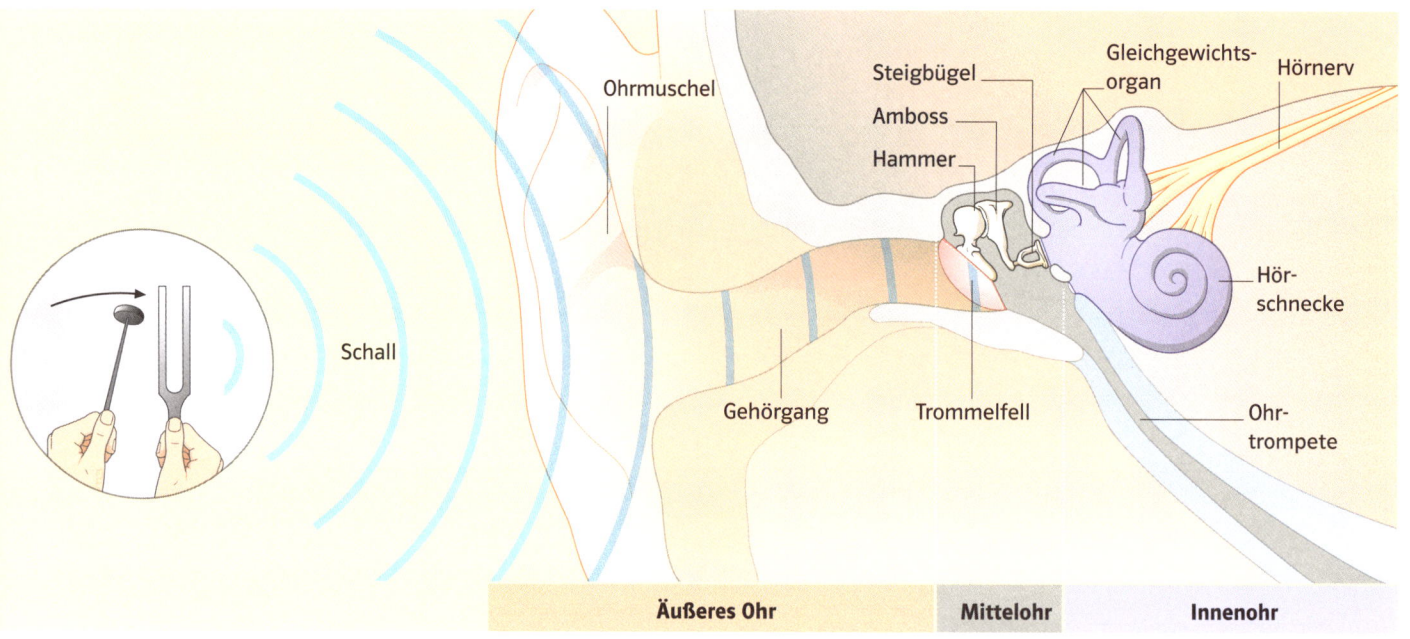

1 Aufbau des Ohrs

Bei unseren Ohren unterscheiden wir verschiedene Bereiche. Das Außenohr umfasst den Abschnitt von der **Ohrmuschel** bis zum **Trommelfell**. Im Mittelohr befinden sich die **Gehörknöchelchen** (**Hammer**, **Amboss** und **Steigbügel**) und im Innenohr liegt die **Hörschnecke** (▷ B 1).

Wie wir Schall hören

Die Ohrmuschel fängt den Schall auf, der über den ca. 2 cm langen **Gehörgang** zum Trommelfell geleitet wird (▷ B 1). Das Trommelfell wird durch die Schallwellen in Schwingungen versetzt. Dadurch geraten auch die Gehörknöchelchen in Bewegung. Sie leiten die Schwingungen zur Hörschnecke weiter. Hier werden die Schwingungen mithilfe von **Hörsinneszellen** in elektrische Signale umgewandelt. Der **Hörnerv** leitet diese Signale zum Gehirn. Ein Erwachsener kann Töne mit Frequenzen zwischen 16 Hz und 16 000 Hz wahrnehmen.

Immer im Gleichgewicht

Drehen wir uns schnell im Kreis, wird uns schwindelig. Dieses Gefühl löst das

Gleichgewichtsorgan aus, das neben der Hörschnecke liegt. Wenn wir uns bewegen, drückt eine Flüssigkeit in den Bogengängen auf die Sinneszellen. Sie wandeln diese Wahrnehmung in elektrische Signale um. Diese gelangen über den Hörnerv zum Gehirn. Es erkennt damit, wenn sich unsere Lage ändert.

Hörsinneszellen wandeln Schallwellen in elektrische Signale um. Diese nimmt unser Gehirn als Geräusch wahr. Das Gleichgewichtsorgan sorgt dafür, dass wir Lageveränderungen wahrnehmen.

AUFGABEN

1 ○ Beschreibe an Bild 1 den Aufbau des Außen-, Mittel- und Innenohrs.

2 ◐ Erkläre anhand von Bild 1 den Weg von der Entstehung eines Geräusches bis zu seiner Wahrnehmung.

3 ◐ Erkläre folgende Aussage: „Die Ohren beherbergen zwei Sinne."

Vom Hören

○ **A1** Beschrifte die Abbildung. Verwende folgende Begriffe:
Trommelfell, Gehörknöchelchen, Ohrmuschel, Gehörnerv, Gehörgang, Schnecke

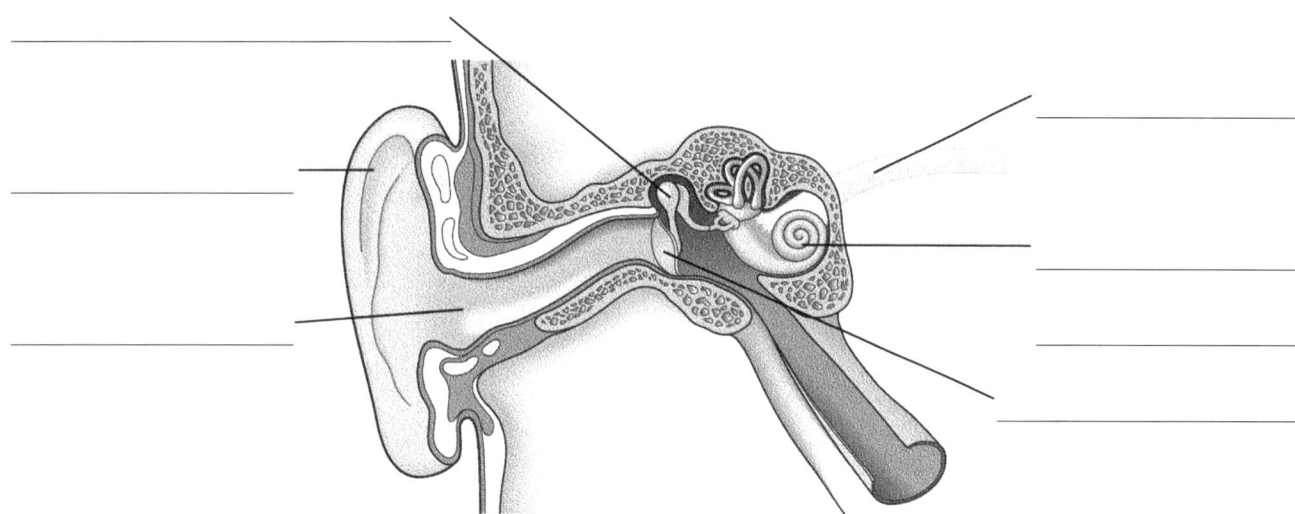

● **A2** Wenn du die einzelnen Satzbruchstücke in der richtigen Reihenfolg liest, beschreibt der Text die Funktion der verschiedenen Bauteile des Ohrs beim Hören. Nummeriere die Satzbruchstücke.

	Reihenfolge
In der Schnecke befinden sich die Sinneszellen für das Hören.	_____
Die Gehörknöchelchen (Hammer, Amboss und Steigbügel) im	_____
Für den auftreffenden Schall dient die Ohrmuschel	_____ (Start)
Mittelohr übertragen die Schwingungen auf das Innenohr.	_____
die die Schwingungen in elektrische Signale umwandeln.	_____
in das Gehirn weiter.	_____
Der Hörnerv leitet die Nervensignale	_____
in Schwingungen versetzt.	_____
Hier wird der Schall zum Trommelfell weitergeleitet, das er	_____
als Empfangsfläche und leitet den Schall	_____
durch Reflexionen in den Gehörgang weiter.	_____

Schall, den wir nicht hören

Vielleicht kennst du Hundepfeifen, mit denen der Besitzer seinen Hund ruft. Wir können den Ton dieser Hundepfeifen nicht hören. Der Hund hört den Ton aber noch in großer Entfernung und kommt angelaufen. Welche Töne können wir Menschen überhaupt hören?

Der Hörbereich von Menschen und Tieren
Erwachsene Menschen können Töne hören, deren Frequenz im Bereich zwischen 16 Hz und 16 000 Hz liegt. Kinder und Jugendliche mit gesundem Gehör nehmen auch noch höhere Töne bis zu einer Frequenz von 21 000 Hz wahr (▷ V1). Viele Tiere können Töne mit einer sehr hohen Frequenz hören (▷ B1). So nehmen Hunde Töne bis zu einer Frequenz von 50 000 Hz wahr. Diese Töne können Menschen nicht hören. Man nennt diese Art von Schall Ultraschall. Töne, deren Frequenzen über 16 000 Hz liegen, bezeichnet man als Ultraschall. Andere Tiere, z. B. die Wale, können Töne mit einer sehr niedrigen Frequenz wahrnehmen. Auch diese Töne können Menschen nicht hören. Man nennt diesen Schall Infraschall.

Töne mit Frequenzen unter 16 Hz bezeichnet man als Infraschall.

1 ⊖ Gib den Frequenzbereich an, den Hunde, jugendliche Menschen, Katzen und Fledermäuse wahrnehmen können.

2 ⊖ Es gibt noch mehr Tiere, die Infraschall oder Ultraschall wahrnehmen können. Finde weitere Tiere heraus und stelle dein Ergebnis in einer Tabelle dar.

3 ● Fledermäuse sind nachtaktive Tiere. Finde heraus, wie Fledermäuse nachts ihre Beute finden und beim Fliegen nicht an Hindernisse stoßen. Schreibe dazu einen kleinen Text.

1 Ein Tongenerator erzeugt sehr tiefe und auch sehr hohe Töne. Findet mit einem Tongenerator heraus, welchen Frequenzbereich ihr noch hören könnt.

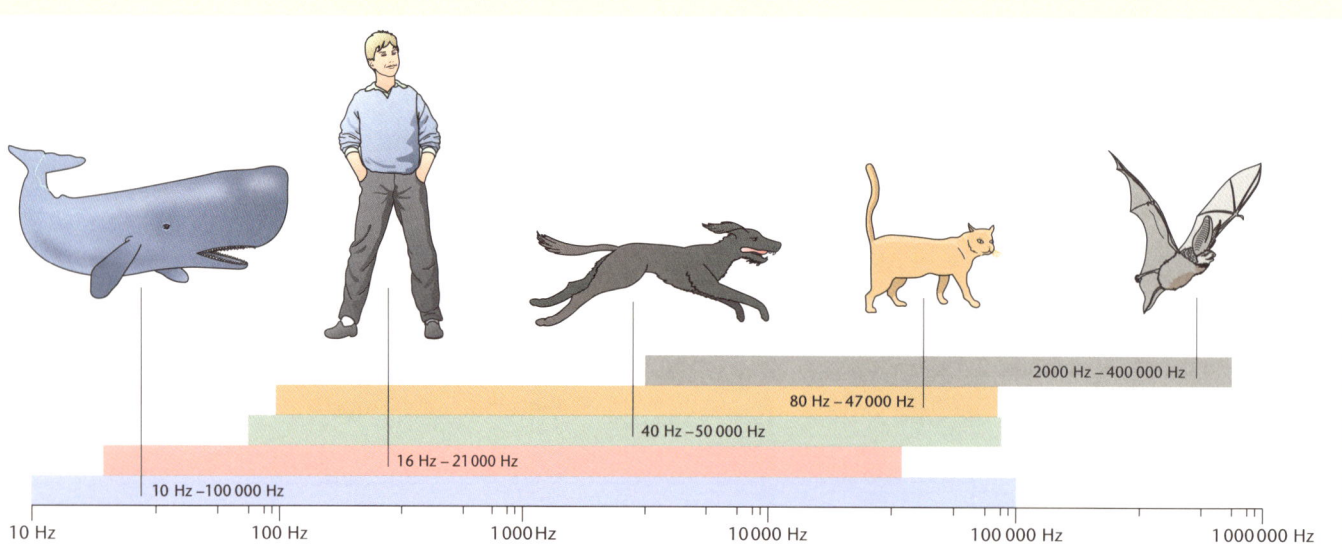

1 Der Hörbereich von Menschen und Tieren

Ultraschall in Medizin und Technik

Ultraschall in der Medizin

Die Organe im Körper des Menschen reflektieren den Schall unterschiedlich stark. In der Medizin verwendet man Schallquellen, die Ultraschall erzeugen. Der reflektierte Ultraschall wird aufgezeichnet und auf einem Bildschirm sichtbar gemacht (▷ B 2). Durch eine „Ultraschall-Untersuchung" kann man Vorgänge im Inneren des Körpers sichtbar machen. Krankheiten und Veränderungen an Organen lassen sich so erkennen. Auch werdende Eltern können die Umrisse ihres Kindes schon lange vor der Geburt sehen (▷ B 1).

Nierensteine und Gallensteine musste man früher durch einen chirurgischen Eingriff entfernen. Heutzutage kann man viele dieser Ablagerungen mit einer starken Ultraschallquelle bestrahlen. Der intensive Ultraschall zerkleinert sie so, dass der Körper sie selbstständig ausscheiden kann.

Reinigen mit Ultraschall

Bei einem Gerät zur Brillenreinigung wird eine Flüssigkeit durch Ultraschall in schnelle Schwingungen versetzt. Dadurch werden die Schmutzteilchen auf der Brille ebenfalls zum Schwingen gebracht. Sie lösen sich schließlich von der Oberfläche der Brille ab. Ähnlich funktionieren Reinigungsgeräte für Zahnspangen und Gebisse.

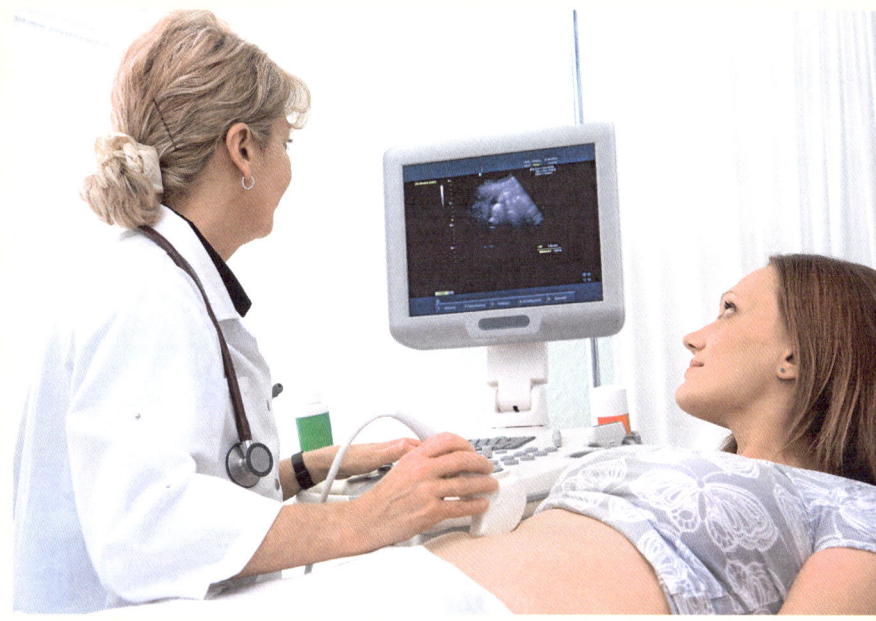

2 Eine Ultraschall-Untersuchung

Was im Kleinen klappt, funktioniert auch im großen Maßstab. In riesigen Becken wird die Unterseite von Schiffen mit Ultraschall bestrahlt. Dadurch lässt sich der Schiffsrumpf von Muscheln und anderen Ablagerungen reinigen.

AUFGABEN

1　◔　Beschreibe die Vorteile, die eine Reinigung mit Ultraschall (z. B. einer Brille) gegenüber einer herkömmlichen Reinigung besitzt.

2　◔　a) Bei Schwangeren ist die Ultraschall-Untersuchung ein wichtiger Bestandteil der Diagnose. Finde heraus, welche Informationen für Eltern und Ärzte eine solche Untersuchung liefern kann.

●　b) Vor der Ultraschall-Untersuchung werden die Schallquelle und die Haut mit einem Gel bestrichen. Finde heraus, warum der Arzt dies machen muss.

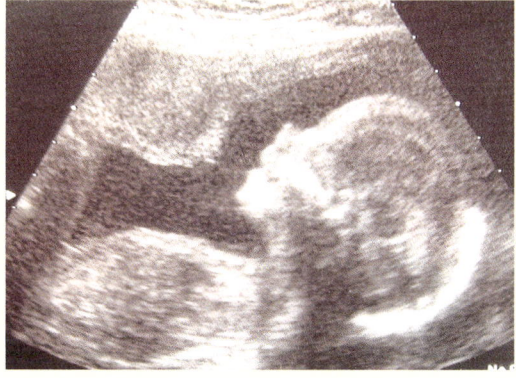

1 Ultraschallbild eines Kindes im Mutterleib

1 Lena in ihrer Schulband

Berufe zum Thema Tontechnik

Lena ist Sängerin in ihrer Schulband. Sie und die Mitglieder ihrer Band haben schon viele erfolgreiche Auftritte gehabt, nach denen sie vom Publikum sehr gelobt wurden (▷ B 1).
Jetzt überlegt Lena, mit ihrer Band eine CD zu veröffentlichen. Dazu spricht sie ihren Musiklehrer Herrn Grüning an.

Lena: Unsere Schulband würde gern eine CD aufnehmen. Können Sie mir erklären, wie wir dabei vorgehen sollen?

Herr Grüning: Zuerst solltet ihr selbst eine Demo-Aufnahme erstellen. Diese Probeaufnahme könnt ihr verschiedenen Musikfirmen zuschicken.
Wenn eine Firma Interesse an euch hat, dann wird euch ein Produzent der Musikfirma ansprechen. **Producer** könnt ihr euch wie Trainer beim Fußball vorstellen.

Sie werden sich um die weitere Organisation, die Durchführung und die Finanzierung des Projekts kümmmern.

Lena: Und wenn wir das geschafft haben? Wie geht es weiter?

Herr Grüning: Dann folgen die Aufnahmen in einem Tonstudio.
Dort nimmt ein **Tontechniker** die Stücke eurer künftigen CD unter professionellen Bedingungen auf. Ein **Toningenieur** bearbeitet die Aufnahmen, mischt sie zusammen und erzeugt den gewünschten „Sound".
Beide haben eine lange Ausbildung oder ein Studium absolviert, sie hören auch kleinste Fehler bei eurer Aufnahme.

Lena: Das klingt ja sehr anstrengend. Sind wir dann fertig?

Herr Grüning: Eure Arbeit ist damit erledigt. Die CDs werden danach kopiert und können an den Musikhandel ausgeliefert werden. Jetzt entscheiden die **Musikfachhändler**, ob eure CD in ihr Sortiment aufgenommen wird. Sie beraten und informieren ihre Kunden in allen Fragen der Musik. Auch in den Online-Shops sind mehr und mehr Musikfachhändler mit der Zusammenstellung des Sortiments und dem Verkauf beschäftigt.

Lena: Musik ist ja mein großes Hobby. Sehen Sie für mich eine Möglichkeit, Hobby und Beruf zu verbinden?

Herr Grüning: Es gibt die Möglichkeit, dich zur Sängerin ausbilden zu lassen. Diese Entscheidung solltest du dir gut überlegen. Als ausgebildete **Sängerin** stehst du bei Aufführungen stets im Mittelpunkt der Aufmerksamkeit, du wirst bewundert, aber auch kritisiert werden. Deine Engagements erhältst du meist für eine begrenzte Zeit. In dieser Zeit erlebst du viel, du musst aber häufiger deinen Wohnort wechseln. Außerdem kannst du nicht immer mit einem festen Einkommen rechnen.

Lena: Und wie sieht die Ausbildung aus?

Herr Grüning: Zur Sängerin kannst du an

einer Musikakademie oder an einer Musikhochschule ausgebildet werden. Für die Hochschule benötigst du die allgemeine Hochschulreife. Vor der Aufnahme an jeder Musikakademie steht eine Eignungsprüfung, bei der du deine stimmlichen und gestalterischen Fähigkeiten nachweisen musst.

Lena: Das muss ich mir noch genau überlegen. Vielen Dank für die Informationen.

An der Erstellung und dem Verkauf einer CD sind viele Menschen mit unterschiedlichen Berufen beteiligt.

AUFGABEN

1 ○ Zähle die Berufe auf, die an der Herstellung und dem Verkauf einer Musik-CD beteiligt sind.

2 ◕ a) Gib die Aufgaben des Tontechnikers an.
b) Beschreibe die Vor- und Nachteile des Berufs als Sänger/in.

3 ◕ Erkundige dich (z. B. bei der Bundesagentur für Arbeit), wie die Ausbildung in den genannten Berufen geregelt ist.

4 ● In den „Casting-Shows" werden Jugendliche innerhalb weniger Monate zu „Popstars".
Vergleiche die Ausbildung, die die Bewerber einer Casting-Show erhalten, mit der Ausbildung an einer Musikakademie.

2 Aufnahme im Tonstudio

3 Im Musikfachhandel

Zusammenfassung

Schallquellen
Als Schallquelle bezeichnet man die Gegenstände, die Schall aussenden. Schallquellen sind z. B. dein Mund, ein Musikinstrument oder ein Lautsprecher.

Schallempfänger
Als Schallempfänger werden die Gegenstände bezeichnet, die den Schall empfangen. Schallempfänger sind z. B. dein Ohr oder ein Mikrofon.

Übertragungswege für den Schall
Schall benötigt auf seinem Weg von der Schallquelle zum Schallempfänger einen Übertragungsweg. Der Übertragungsweg kann z. B. die Luft, das Wasser oder Eisen sein. Schall breitet sich in unterschiedlichen Stoffen mit unterschiedlicher Geschwindigkeit aus (z. B. Geschwindigkeit des Schalls in der Luft 348 m/s). Bei der Schallübertragung durch Luft schwingen die einzelnen Luftteilchen hin und her. Dabei entstehen Luftverdichtungen und Luftverdünnungen (▷ B1). Die Teilchen der verdichteten Luft stoßen die benachbarten Luftteilchen an. Sie leiten den Schall weiter.

Schall und Wechselwirkung
Wenn du redest, dann sendest du Schall aus. Bei diesem Vorgang wird die Luft um deinen Mund in Bewegung versetzt. Der Schall beeinflusst die Luftteilchen. Dies nennt man Wechselwirkung.

Frequenz
Wenn ein Körper schwingt, dann sendet er einen Ton aus. Die Anzahl der Schwingungen, die ein Körper pro Sekunde schwingt, bezeichnet man als Frequenz. Die Einheit der Frequenz ist das Hertz (Hz). Je höher die Frequenz ist, desto höher ist der Ton.

Lautstärke
Je stärker eine Schallquelle schwingt, desto lauter ist ihr Ton. Der maximale Ausschlag heißt Amplitude. Mit einem Schallpegel-Messgerät kann man die Lautstärke in der Einheit Dezibel (A) messen. Eine Zunahme der Lautstärke um 10 db(A) empfinden wir als eine Verdopplung der Lautstärke.

Lärm kann schaden
Musik oder Geräusche, die uns stören, bezeichnen wir als Lärm. Durch zuviel oder zu lauten Lärm kann unser Ohr geschädigt werden. Um uns vor dem Lärm zu schützen, werden Materialien verwendet, die den Schall absorbieren.

Das Ohr
In unserem Ohr gelangt der Schall durch den Gehörgang zum Trommelfell. Das Trommelfell beginnt dadurch zu schwingen. Die Gehörknöchelchen geraten dadurch in Bewegung. Die Schwingungen werden zur Hörschnecke weitergeleitet. Die Hörsinneszellen wandeln jetzt den Schall um und leiten ihn über den Hörnerv zum Gehirn weiter. Das Ohr eines erwachsenen Menschen kann Töne zwischen 16 Hz und 16 000 Hz hören.

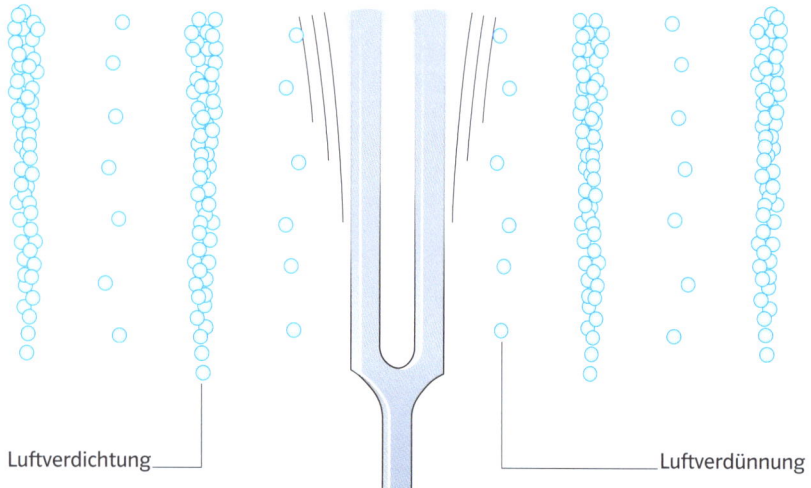

Luftverdichtung   Luftverdünnung

1 Schallausbreitungen und Luftverdünnungen

AUFGABEN

1 ○ a) Notiere, was man unter einer Schallquelle und einem Schallempfänger versteht.
○ b) Ordne tabellarisch die Begriffe Ohr, Geige, Stimmgabel, Mund und Mikrofon nach Schallquellen und Schallempfänger.

👍 Super! ❓ ► S.8/9

2 ○ Nenne ein Gerät, mit dem man Schall sichtbar machen kann.

👍 Super! ❓ ► S.12/13

3 ○ Gib an, was man unter Frequenz und Amplitude versteht.

👍 Super! ❓ ► S.12/13

4 ○ Gib den Frequenzbereich an, den ein Erwachsener mit gesundem Gehör wahrnehmen kann.

👍 Super! ❓ ► S.26

5 ◔ Beschreibe ausführlich, wie du mit einer Gitarrensaite verschieden hohe und verschieden laute Töne erzeugen kannst. Begründe deine Antworten.

👍 Super! ❓ ► S.10

6 ◔ Erkläre die Angabe 440 Hz auf einer Stimmgabel.

👍 Super! ❓ ► S.12/13

7 ◔ Erkläre den Begriff „Wechselwirkung".

👍 Super! ❓ ► S.8/9

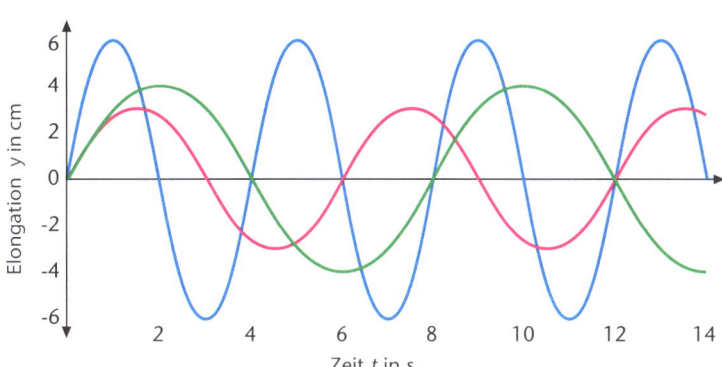

2 Zu Aufgabe 10

8 ◔ Stell dir vor, dein Wecker stört dich durch sein lautes Ticken. Beschreibe ein Verfahren, wie du den Schall dämpfen kannst, ohne den Wecker zu beschädigen. Erkläre, wie es zur Dämpfung kommt.

👍 Super! ❓ ► S.16, 18/19

9 ◔ Beschreibe, wie sich der Schall in der Luft ausbreitet.

👍 Super! ❓ ► S.21

10 ● Lies aus Bild 1 die Amplituden ab und berechne die Frequenzen der dargestellten Schwingungen.

👍 Super! ❓ ► S.12/13

11 ● Viele Jugendliche benutzen Kopfhörer, um Musik zu hören. Bewerte die Verwendung von Kopfhörern.

👍 Super! ❓ ► S.16

12 ● Berechne den Zeitunterschied zwischen Blitz und Donner, wenn ein Gewitter 3,5 km von dir entfernt ist.

👍 Super! ❓ ► S.20

► Musterlösungen auf Seite 130   **31**

2 Optik – Strahlung und Wechselwirkung

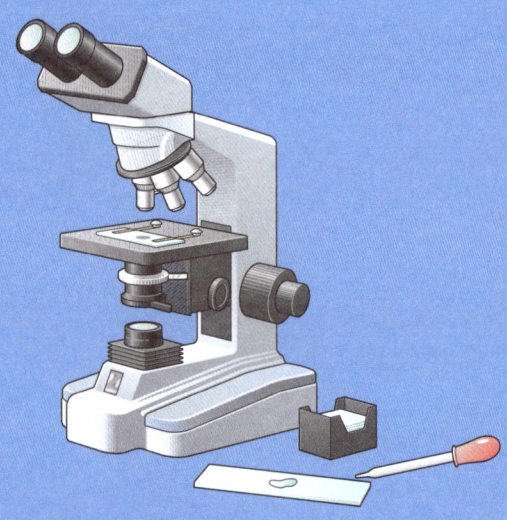

- Wie funktioniert eine Brille?

- Wieso werde ich in der Dunkelheit mit Reflektoren besser gesehen?

- Wie sehen unsere Augen?

- Gibt es Licht, das wir nicht sehen können?

1 Die Sonne – unsere wichtigste Lichtquelle

Von der Lichtquelle zum Auge

Lichtquellen – selbstleuchtende Körper

Tagsüber ist die Sonne unsere wichtigste Lichtquelle. Sie spendet so viel Helligkeit, dass wir meistens keine andere Lichtquelle benötigen. Doch bei schlechten Wetterverhältnissen und abends benutzen wir andere Lichtquellen: Du schaltest zum Beispiel die elektrische Beleuchtung an. Andere Leute benutzen eine Kerzenflamme. Es gibt viele solcher Lichtquellen. Solche Lichtquellen haben gemeinsam, dass sie das Licht selbst erzeugen. Man bezeichnet sie deshalb als **selbstleuchtende Körper**.

Beleuchtete Körper

In klaren Vollmondnächten reicht das Licht des Mondes aus, um draußen die Umgebung zu sehen und vielleicht sogar zu lesen. Der Mond ist für uns scheinbar ein selbstleuchtender Körper. Doch der Mond erzeugt kein eigenes Licht wie die Sonne. Er ist kein selbstleuchtender Körper. Der Mond wird von der Sonne bestrahlt und wirft ihr Licht zurück. Ein Teil des Lichts gelangt zur Erde. Der Mond ist ein **beleuchteter Körper**. Fast alle Gegenstände in unserer Umgebung sind beleuchtete Körper: Wir können diese Gegenstände nur sehen, wenn sie das Licht einer Lichtquelle reflektieren und wenn das Licht dann in unser Auge gelangt.

Sender und Empfänger

Lichtquellen senden Licht in alle Richtungen aus. Dies gilt für alle selbstleuchtenden Körper. Die leuchtende Kerzenflamme ist deshalb von jedem Ort der Umgebung zu sehen. Die Lichtquellen sind also Sender des Lichts.

2 Licht breitet sich in alle Richtungen aus.

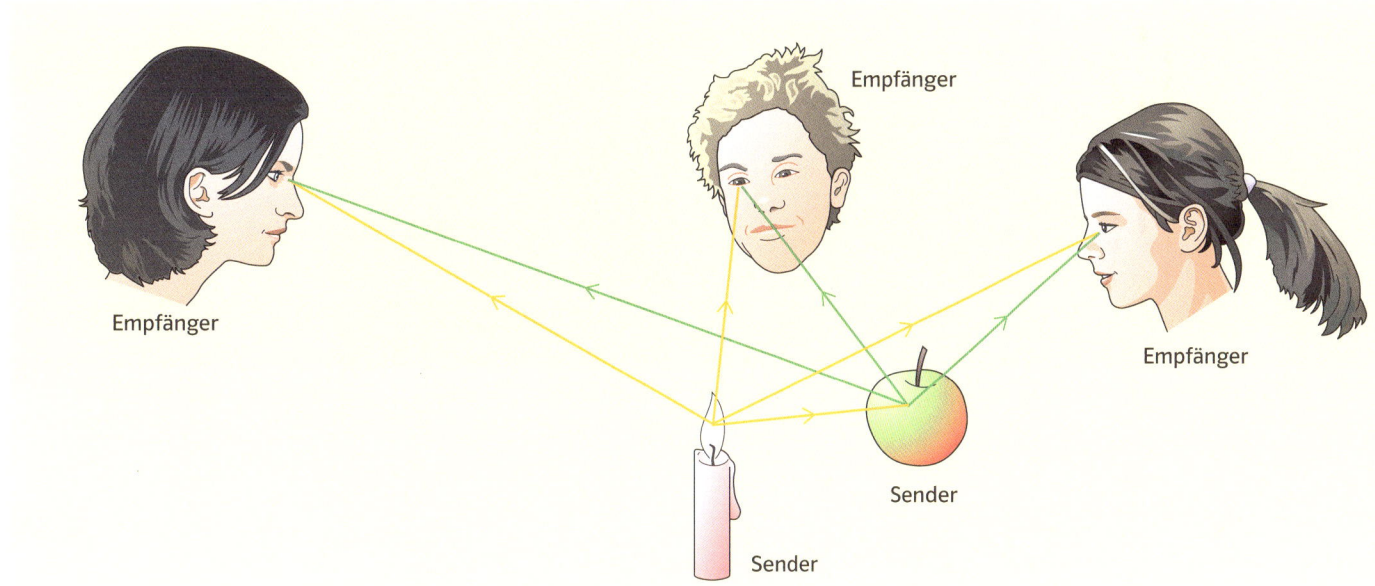

3 Sender und Empfänger

Sender des Lichts

Lichtquellen **senden** Licht in alle Richtungen aus. Das gilt sowohl für selbstleuchtende als auch für beleuchtete Körper (▷ B 2; B 3). Die Kerzenflamme (selbstleuchtend) ist deshalb auch von jedem Ort der Umgebung zu sehen. Auch der Apfel (beleuchtet) kann von jedem Ort im Raum gesehen werden. Die Lichtquellen sind also die **Sender** des Lichts.

Empfänger des Lichts

Unsere Augen sind die **Empfänger** des Lichts (▷ B 3). Wir können einen Körper jedoch nur sehen, wenn zwischen dem Körper und unseren Augen kein Hindernis steht. Weil Lichtstrahlen nicht „um die Ecke" gehen können, können sie ein Hindernis nicht überwinden.

Selbstleuchtende Körper erzeugen selber Licht und senden dieses Licht aus. Beleuchtete Körper hingegen können kein eigenes Licht erzeugen. Beleuchtete Körper werfen das Licht anderer Lichtquellen zurück.

Lichtquellen senden Licht aus. Unsere Augen empfangen das Licht.

AUFGABEN

1 ○ Beschreibe an den Beispielen Sonne und Mond den Unterschied zwischen selbstleuchtenden und beleuchteten Körpern.

2 ○ Eine Taschenlampe sendet Licht aus. Mit diesem Licht wird die Seite eines Buchs beleuchtet. Das Buch wird von Daniel gelesen. Ordne die folgenden Begriffe richtig zu: Sender, Empfänger, selbstleuchtender Körper und beleuchteter Körper.

3 ◒ Eine brennende Kerze ist ein Lichtsender. Warum ist eine Kerze, die nicht brennt, auch ein Lichtsender? Begründe.

4 ◒ Ordne folgende Gegenstände nach selbstleuchtenden und beleuchteten Körpern: Kerzenflamme, Sonne, Apfel, Streichholzflamme, Mond, Wolken, Lagerfeuer, Taschenlampe ohne Batterien, eingeschalteter Computermonitor.

5 ◒ Anissa sagt: „Auch meine Augen senden Licht aus." Begründe, warum Anissa recht hat.

6 ◓ Plane und skizziere einen einfachen Versuch, mit dem du Folgendes zeigen kannst: Man kann Körper nur dann sehen, wenn das Licht vom Körper in unser Auge gelangt.

7 ● Faisal sagt: „Unser Fernsehgerät ist manchmal ein selbstleuchtender Körper. Aber oft ist es nur ein beleuchteter Körper." Nimm ausführlich Stellung zu Faisals Aussage.

35

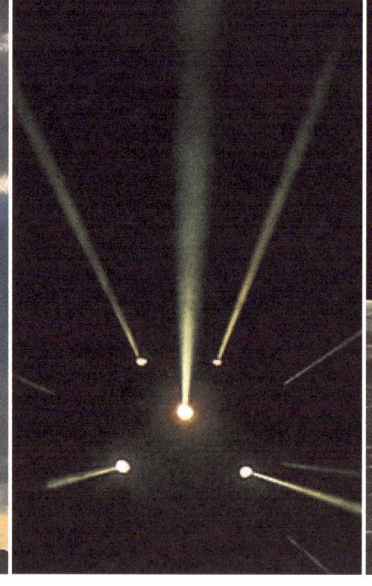

1 Licht breitet sich geradlinig aus. **2** Lichtbündel **3** Die Erde vom Weltall aus

Die Ausbreitung des Lichts

Wie breitet sich Licht aus?

Manchmal kannst du sehen, wie das Sonnenlicht zwischen den Wolken hindurchscheint (▷ B 1). Das Licht breitet sich **geradlinig** aus, als wäre es mit einem Lineal gezeichnet. Von der Sonne breitet sich das Licht in alle Richtungen aus.

Stellt man eine Experimentierleuchte auf einen Tisch, so sieht man eine helle Fläche. Hält man einen schmalen Schlitz vor die Lampe, kann man schmale **Lichtbündel** erzeugen. Wenn man den Schlitz immer enger machen könnte, dann würde auf dem Papier nur noch eine feine helle Linie sichtbar bleiben. Diese Linie bezeichnet man als **Lichtstrahl**. Strahlen kennst du aus dem Geometrieunterricht: Strahlen sind gerade Linien, die von einem Punkt ausgehen.

Informationen mit Licht übertragen

Licht ist schnell. In einer Sekunde kann das Licht eine Strecke von ca. 300 000 km zurücklegen. Aus diesem Grund werden viele Informationen mit Licht in Glasfaserkabeln übertragen. Das Licht der Sonne kommt durch das fast leere Weltall zur Erde. Im Gegensatz zum Schall benötigt das Licht dabei keinen Informationsträger.

Licht breitet sich geradlinig in alle Richtungen aus. Sehr dünne Lichtbündel nennt man Lichtstrahlen.
Licht breitet sich mit einer Geschwindigkeit von ca. 300 000 km/s aus.
Licht benötigt keinen Träger für seine Ausbreitung.

AUFGABEN

1 ○ Beschreibe, wie sich das Licht von einer Lichtquelle ausbreitet.

2 ○ Vergleiche die Bilder 1 und 2. Gib ihre Gemeinsamkeiten an.

3 ◐ Begründe, warum Astronauten und Kosmonauten bei einem Raumflug die Erde im dunklen Weltall sehen können (▷ B 3).

4 ◐ Eine Autofahrerin legt in einem Jahr etwa eine Strecke von 15 000 km zurück. Berechne, wie lange die Fahrerin für die Strecke benötigen würde, die das Licht in einer Sekunde zurücklegt.

5 ● Plane einen Versuch, mit dem du nachweist, dass sich Licht in alle Richtungen ausbreitet.

Die Ausbreitung des Lichts

O **A1** Die Bilder zeigen verschiedene Dinge, die Licht aussenden. Kreuze die an, die von selbst leuchten.

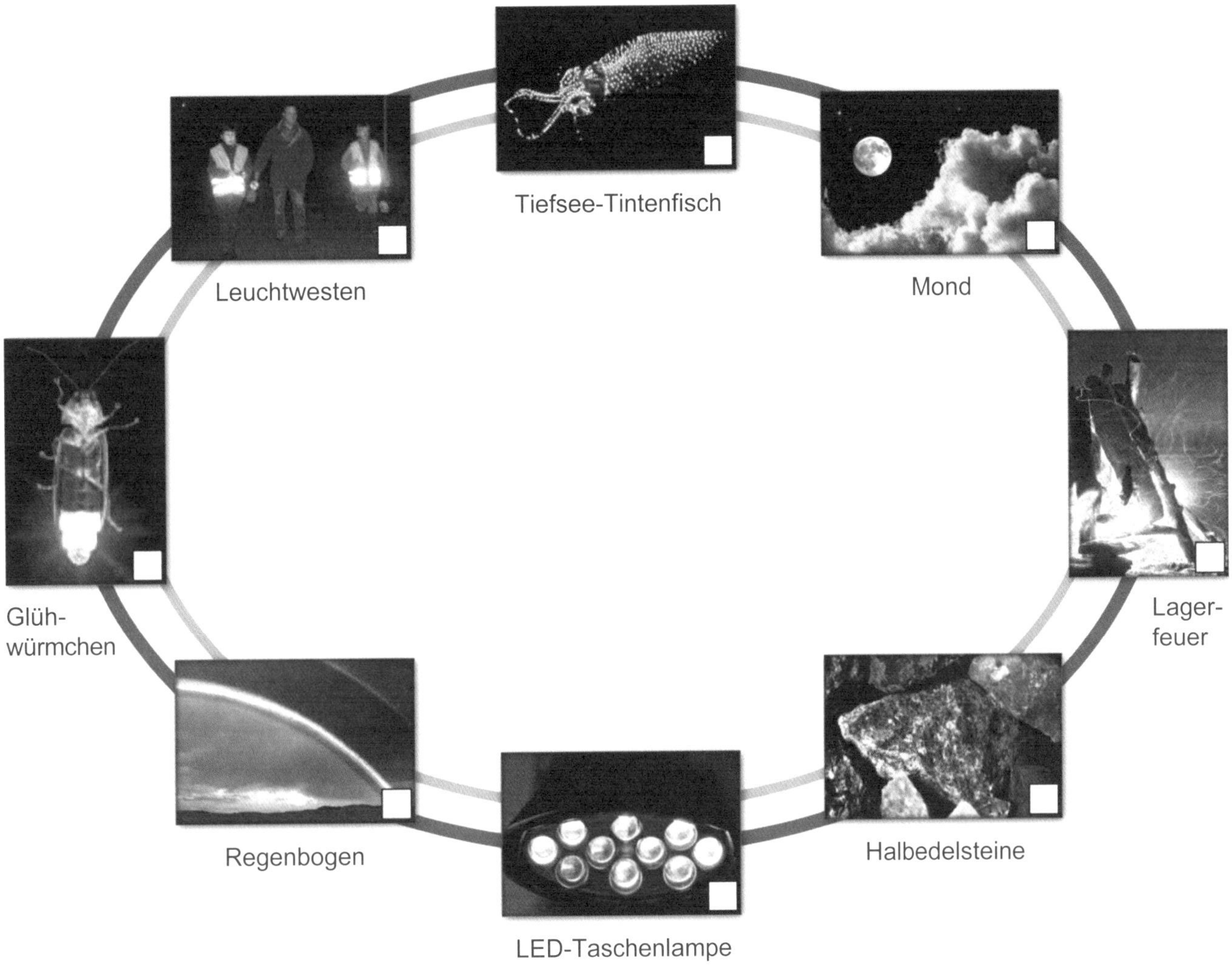

Tiefsee-Tintenfisch

Leuchtwesten

Mond

Glüh-
würmchen

Lager-
feuer

Regenbogen

LED-Taschenlampe

Halbedelsteine

● **A2** Eine Glühlampe strahlt Licht in alle Richtungen ab. Stülpe über eine Glühlampe eine Dose mit kleinen
Löchern. Die Löcher erzeugen Lichtstrahlen. Stelle fest, wie sich das Licht ausbreitet. Zeichne in das Bild den
Verlauf der Lichtstrahlen ein.

B

C

D

A

Wie funktioniert die Lochkamera?

Eine **Lochblende** hat ein kleines Loch in der Mitte (▷ B 1). Mit einer Lochblende kannst du ein Bild erzeugen. Dies ist das Prinzip der **Lochkamera**.

Wie kann man das Bild einer Lochkamera verändern?

Auf dem Schirm der Lochkamera entsteht ein Bild. Das Bild sieht nicht immer gleich aus. Wenn du mit deiner Lochkamera näher an den Gegenstand herangehst, dann wird das Bild größer. Umgekehrt gilt auch: Wenn du den Abstand zwischen Gegenstand und Lochkamera vergrößerst, dann wird das Bild kleiner.

Die Bildgröße lässt sich auch ändern, wenn du den Abstand zwischen der Lochblende und dem Schirm veränderst. Wenn du den Abstand zwischen der Lochblende und dem Schirm vergrößerst, dann wird auch das Bild größer. Wenn du den Abstand verkleinerst, dann wird auch das Bild kleiner. Benutzt du eine Lochblende mit einer größeren Öffnung, dann wird das Bild unscharf.

Eine Lochkamera erzeugt ein umgekehrtes Bild. Die Größe des Bilds hängt von den Abständen zwischen Gegenstand und Blende sowie zwischen Blende und Schirm ab.

AUFGABEN

1 ○ Wovon hängt die Größe des Bilds ab, das eine Lochkamera erzeugt? Formuliere Je-desto-Sätze.

2 ◕ Begründe mithilfe einer Skizze, warum die Bilder bei einer Lochkamera nicht nur oben und unten vertauschen, sondern auch links und rechts.

3 ● Wenn man bei der Lochkamera eine Blende mit einer großen Öffnung benutzt, dann wird das Bild unscharf. Erkläre den Zusammenhang.

4 ● Welches Bild erzeugt eine Lochkamera, wenn zwei Kerzen nebeneinander vor der Kamera stehen? Fertige eine Skizze an.

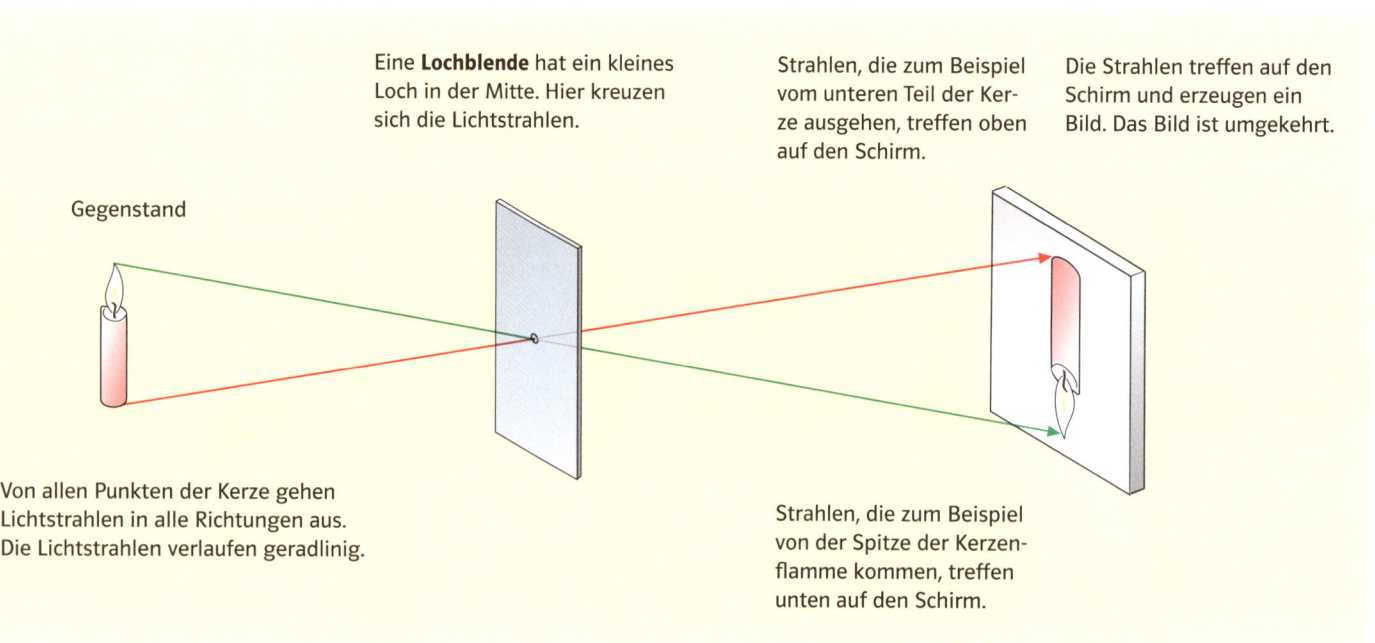

Eine **Lochblende** hat ein kleines Loch in der Mitte. Hier kreuzen sich die Lichtstrahlen.

Strahlen, die zum Beispiel vom unteren Teil der Kerze ausgehen, treffen oben auf den Schirm.

Die Strahlen treffen auf den Schirm und erzeugen ein Bild. Das Bild ist umgekehrt.

Gegenstand

Von allen Punkten der Kerze gehen Lichtstrahlen in alle Richtungen aus. Die Lichtstrahlen verlaufen geradlinig.

Strahlen, die zum Beispiel von der Spitze der Kerzenflamme kommen, treffen unten auf den Schirm.

1 Bildentstehung bei einer Lochblende

Wie entstehen Bilder bei der Lochkamera?

Stelle vor die Öffnung einer Lochkamera eine brennende Kerze. Durch die Öffnung der Lochkamera fällt nur ein kleiner Teil des Kerzenlichts auf die Mattscheibe.

● **A1** Konstruiere mithilfe von Lichtstrahlen das Bild der Kerzenflamme.

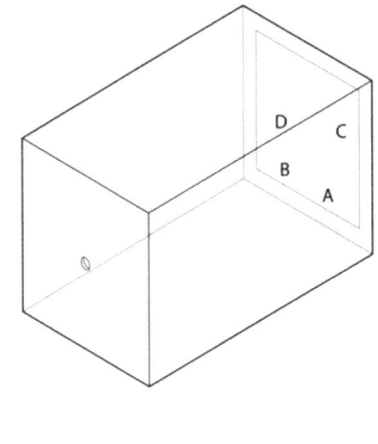

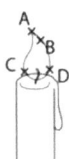

● **A2** Beschreibe die Eigenschaften des Bilds, das auf dem Schirm entsteht.

_____

_____

_____

● **A3** Ergänze die folgenden Lückensätze um Angaben zur Bildgröße.

Je _____ die Kerze am Loch steht, desto _____ wird das Bild auf dem Schirm. Je _____

die Kerze ist, desto _____ wird das Bild auf dem Schirm. Je weiter die Mattscheibe vom _____

entfernt ist, desto _____ wird das Bild auf dem Schirm. Wird die Fläche des Schirms verdoppelt,

_____ sich die Bildgröße _____.

● **A4** Konstruiere das Bild des Gegenstands mithilfe geeigneter Lichtstrahlen.

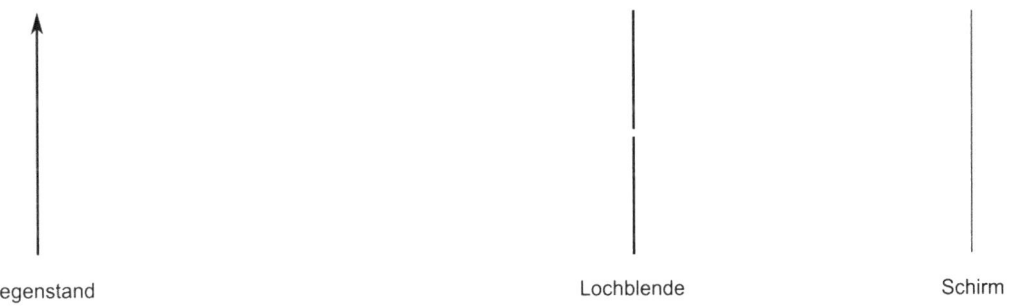

Gegenstand   Lochblende   Schirm

1 Helle Flächen werfen das Licht gut zurück, dunkle Flächen (Dächer und dunkel bemalte Fenster) verschlucken das Licht.

Reflexion und Absorption

Licht wird reflektiert

Wir sehen Körper, wenn sie selbst leuchten. Wir sehen Körper aber auch dann, wenn sie das Licht anderer Lichtquellen in unsere Augen zurückwerfen. Das geschieht beispielsweise nachts, wenn Gebäude angestrahlt werden (▷ B 1, rechts). Wirft ein Körper Licht zurück, spricht man von **Reflexion**. Besonders gut wird das Licht von glatten Spiegeloberflächen **reflektiert**.

Licht wird absorbiert

Du kannst in Bild 1 erkennen, dass einige Flächen das Licht gut reflektieren. Die dunklen Flächen verschlucken jedoch das auftreffende Licht. Dunkle Flächen nehmen das Licht auf, sie absorbieren das Licht. Man spricht von **Absorption**.
Bei farbigen Flächen wird ein Teil des Lichts reflektiert, der andere Teil absorbiert. Bei einem roten Gebäude wird das rote Licht reflektiert, die anderen Farben absorbiert. Bei der Absorption von Licht findet eine Energieübertragung statt. Die Energie des Lichts wird dabei in Wärme umgewandelt.
(► Wechselwirkung, S. 126/127)

Die Oberflächen von Körpern können Licht reflektieren und absorbieren.
Helle Flächen reflektieren Licht besser als dunkle Flächen. Dunkle Flächen absorbieren Licht.

AUFGABEN

1 ○ Nenne Oberflächen, die das Licht besonders gut reflektieren.

2 ◐ Richte das Licht einer Taschenlampe in einem abgedunkelten Raum nacheinander auf ein weißes Blatt, ein schwarzes Blatt, eine matte Plastikfolie und ein Stück Alufolie. Begründe, was du beobachten kannst.

3 ● a) Wenn du einmal die Ferien auf einer Insel im Mittelmeer verbringst, wirst du feststellen, dass fast alle Gebäude weiß gestrichen sind (▷ B 1, links). Erkläre den Zusammenhang.
● b) Nenne Länder oder Gegenden, in denen es sinnvoll wäre, die Häuser möglichst dunkel anzustreichen. Begründe deine Auswahl.

Ein Gesetz für die Reflexion des Lichts

Wenn Licht auf einen Spiegel trifft, dann wird es reflektiert. Die Gesetzmäßigkeiten für diese Reflexion kannst du mit Versuch 1 selbst herausfinden.

Das Reflexionsgesetz

In Bild 1 siehst du zwei Winkel. Der **Einfallswinkel** (grün) ist der Winkel, in dem der Lichtstrahl auf den Spiegel trifft. Der **Reflexionswinkel** (rot) ist der Winkel, in dem der Lichtstrahl am Spiegel reflektiert wird. In Bild 1 kannst du erkennen: Der Reflexionswinkel ist genauso groß wie der Einfallswinkel. Dabei spielt es keine Rolle, von welcher Seite das Licht kommt.

Das Lot

Das **Lot** ist eine gedachte Hilfslinie. Das Lot steht senkrecht auf der Spiegeloberfläche. Es endet im Knick des „V". Auf der einen Seite des Lots befindet sich der Einfallswinkel. Auf der anderen Seite des Lots findet man den Reflexionswinkel.

Der Einfallswinkel ist genauso groß wie der Reflexionswinkel.

AUFGABEN

1 ○ Beschreibe Bild 1 mit eigenen Worten.

2 ◔ Ein Lichtstrahl trifft mit einem Einfallswinkel von 45° auf einen Spiegel. Fertige eine übersichtliche Zeichnung an, in der du den einfallenden und den reflektierten Lichtstrahl sowie das Lot grafisch konstruierst.

3 ● Der Reflexionswinkel eines Lichtstrahls an einem Spiegel beträgt 30°. Mirco glaubt nicht, dass der dazugehörige einfallende Lichtstrahl einen Einfallswinkel von ebenfalls 30° hat. Konstruiere zur Erklärung den genauen Verlauf beider Lichtstrahlen.

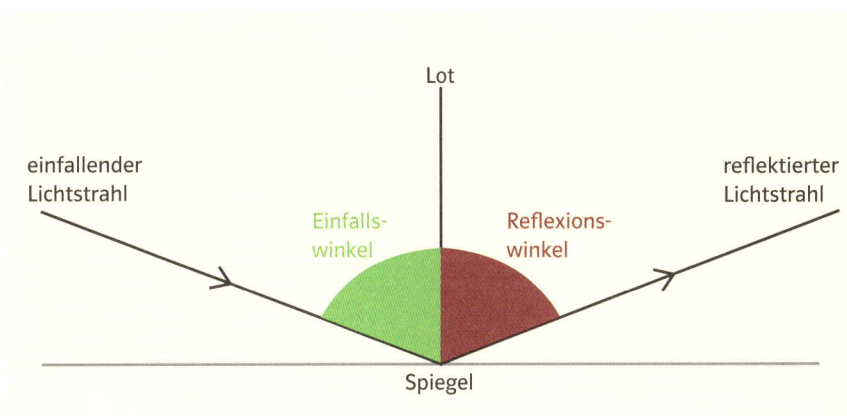

1 Einfallswinkel und Reflexionswinkel

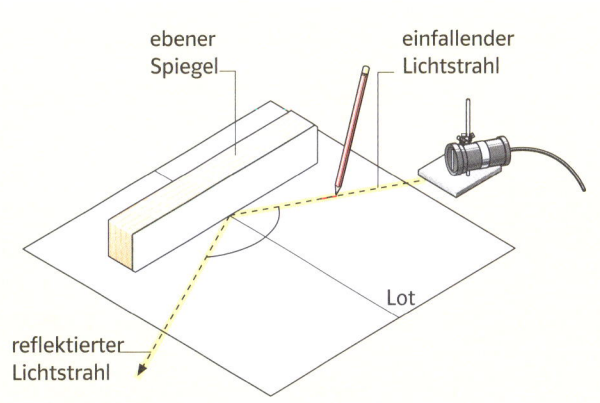

2 Zu Versuch 1

VERSUCH

1 a) Baue den Versuch wie in Bild 2 auf.
b) Markiere auf dem Papier den Weg des einfallenden Lichtstrahls und den Weg des reflektierten Lichtstrahls.
c) Miss den Winkel zwischen einfallendem Lichtstrahl und Lot. Miss dann den Winkel zwischen Lot und reflektiertem Lichtstrahl. Notiere beide Werte.
d) Wiederhole die Experimentierschritte b und c für zwei andere Einfallswinkel.
e) Formuliere ein Ergebnis.
f) Ist der Weg des Lichts umkehrbar? Plane einen Versuch dazu und führe ihn durch.

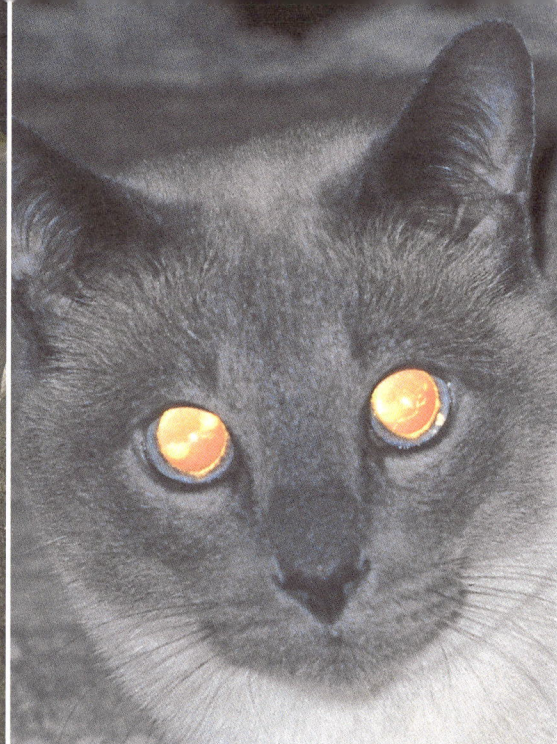

1 Reflektierende Kleidung erhöht deine Sicherheit.

2 Die Augen einer Katze im Dunkeln

Sicherheit im Straßenverkehr

Vorbilder aus der Natur

Die Augen einer Katze scheinen im Dunkeln zu leuchten, obwohl sie selbst kein Licht erzeugen (▷ B 2). In den Augen der Katze befinden sich mikroskopisch kleine Kristalle, die das Licht einer Taschenlampe oder eines Autoscheinwerfers reflektieren. **Reflektoren** funktionieren nach dem gleichen Prinzip. Sie enthalten viele winzige Spiegel, die das Licht genau in die Richtung zurückwerfen, aus der es ursprünglich gekommen ist. Dadurch können Autofahrer die Reflektoren im Licht der Scheinwerfer besonders gut erkennen. Reflektoren findest du an den Leitpfosten der Straße, deinem Fahrrad und an deinem Schulranzen.

Bleib sichtbar

Fußgänger mit dunkler Kleidung sind bei Dunkelheit schlecht zu erkennen. Darum solltest du besonders im Herbst und Winter helle Kleidung und auffällige Farben tragen. Spezielle Westen und Schulranzen mit reflektierenden Folien sorgen dafür,

dass dich Autofahrer schon aus 150 – 200 m Entfernung erkennen können (▷ B 1). Millionen winzig kleiner Glaskügelchen in den Folien sorgen dafür, dass auftreffendes Licht gebündelt zurückgestrahlt wird.

Reflektoren enthalten winzige Spiegel, die das Licht in die Richtung zurückwerfen, aus der es ursprünglich gekommen ist.

AUFGABEN

1 ○ Wer bei schlechten Sichtverhältnissen unterwegs ist, muss mehr für seine Sicherheit tun. Nenne Maßnahmen dafür.

2 ◑ Die Warnweste, die in jedem Auto vorhanden sein muss, ist mit einer reflektierenden Folie beschichtet. Erkläre, welchen Vorteil dies hat.

3 ◑ Bei einigen Berufsgruppen sind die Kleidungsstücke mit reflektierenden Folien beschichtet. Finde Beispiele dafür.

Wie entstehen Spiegelbilder?

Wie entsteht ein Spiegelbild?

Wenn du dich in einem Spiegel an der Wand betrachtest, dann scheint dein **Spiegelbild** hinter dem Spiegel zu liegen. Dort kann sich aber kein Bild befinden, hinter dem Spiegel ist nur die massive Wand. Bild 1 zeigt, wie das Spiegelbild einer Kerze entsteht. Lichtstrahlen, die von der Kerze ausgehen, werden vom Spiegel in unser Auge reflektiert. Unser Gehirn verlängert aber die ins Auge fallenden Lichtstrahlen durch den Spiegel geradlinig zurück. Die Lichtstrahlen scheinen daher von einer Kerze zu kommen, die hinter dem Spiegel steht. Was wir sehen, ist das **virtuelle Bild** (scheinbare Bild) der Kerze.
Vergleiche einmal die Abstände der Kerze und des Spiegelbilds vom Spiegel (▷ V1). Du wirst feststellen, dass der Gegenstand und das Spiegelbild den gleichen Abstand vom Spiegel haben.

Ein Spiegel erzeugt ein virtuelles Bild (scheinbares Bild).
Der Abstand zwischen dem Gegenstand und dem Spiegel ist genau so groß wie der Abstand zwischen dem Spiegelbild und dem Spiegel.

AUFGABEN

1 ○ Beschreibe, wo sich das virtuelle Spiegelbild befindet.

2 ◐ Beschreibe die Unterschiede zwischen einem Foto und einem Spiegelbild.

3 ● Wie groß muss ein senkrecht hängender Spiegel mindestens sein, damit man sich vollständig darin sehen kann? Zeichne zuerst und begründe dann deine Antwort.

VERSUCH

1 Stelle eine Kerze vor eine Glasscheibe. Befestige eine zweite, gleich aussehende Kerze mit einigen Tropfen Wachs in einem Becherglas, das hinter der Glasscheibe steht (▷ B 2). Richte das Becherglas so aus, dass sich die Kerze im Glas und das Spiegelbild genau decken. Zünde die Kerze vor dem Spiegel an. Was beobachtest du, wenn du Wasser in das Becherglas füllst? Beschreibe. Miss die Abstände der beiden Kerzen zur Glasscheibe und vergleiche.

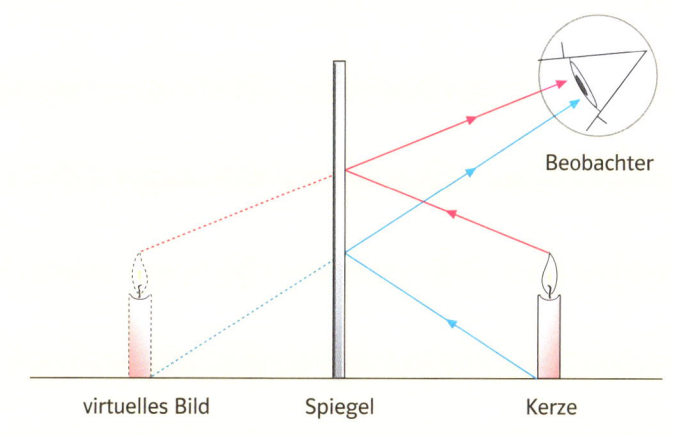

Beobachter

virtuelles Bild　　　Spiegel　　　Kerze

1 Lichtstrahlen werden am Spiegel reflektiert.

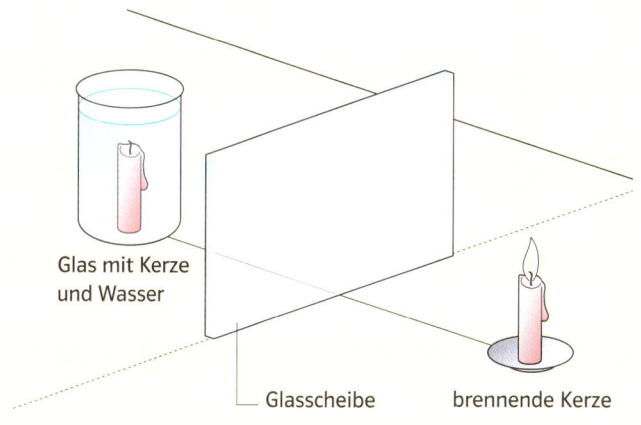

Glas mit Kerze und Wasser

Glasscheibe　　　brennende Kerze

2 Zu Versuch 1

Reflexionsgesetz

○ **A1** Du leuchtest mit einer Taschenlampe auf die Flächen, die in der Tabelle aufgezählt sind. Kreuze die Flächen an, die den Strahl klar und deutlich reflektieren.

☐ Spiegel   ☐ blanke Metallfläche   ☐ zerknüllte Aluminiumfolie

☐ weiße Wand   ☐ Fensterglas   ☐ weißes Papier

◗ **A2** In den folgenden Bildern siehst du links vom Spiegel S einen Punkt P. Rechts soll sein Spiegelbild P' dargestellt sein. Aber nur ein Bild ist korrekt. Schreibe zu jedem Bild, ob es richtig ist und begründe.

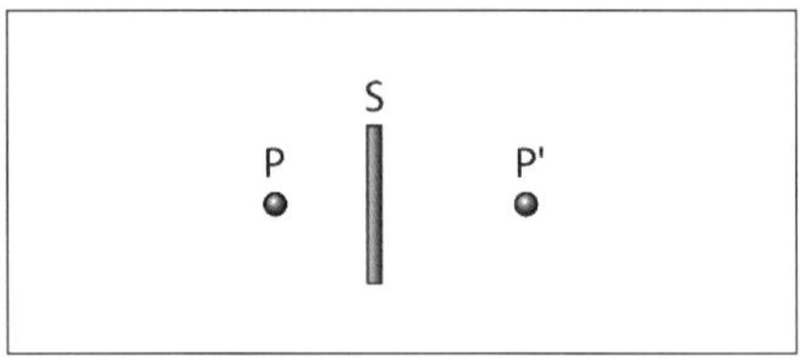

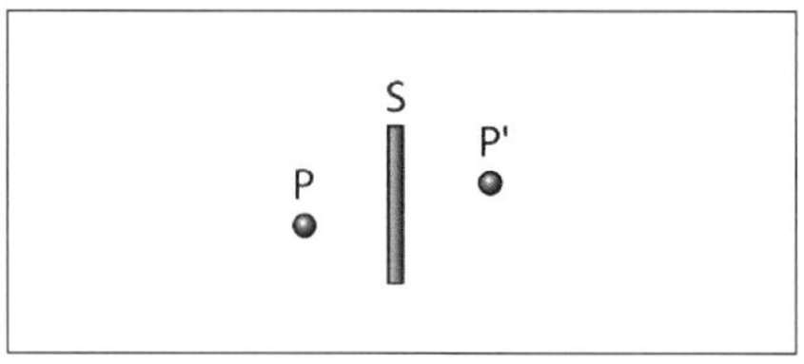

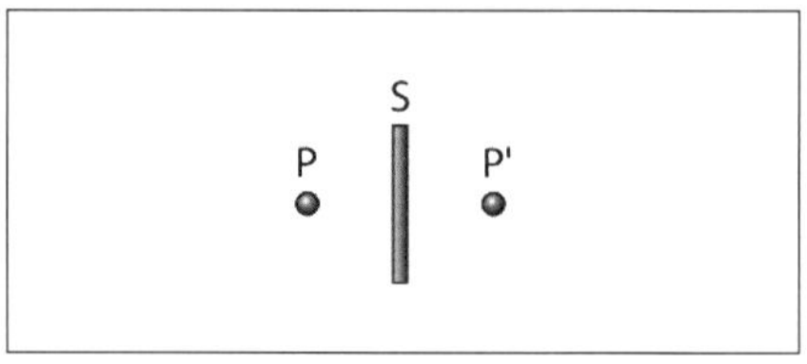

◗ **A3** Der Lichtstrahl einer Lampe fällt auf einen Spiegel.

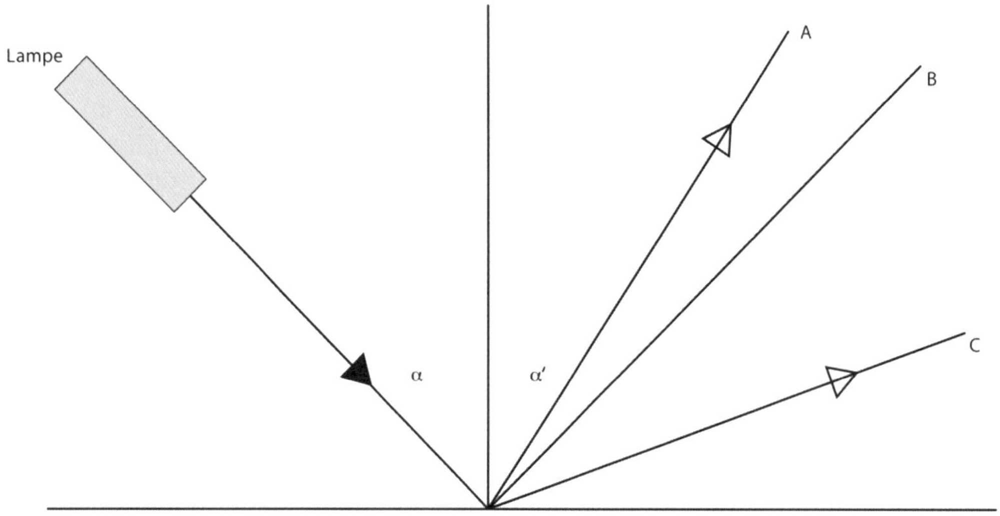

Gib die Linie an, die den Weg des reflektierten Strahls bezeichnet. _____

◗ **A4** Beschreibe anhand des oberen Bilds, wie man die Umkehrbarkeit des Lichtwegs zeigen kann.

Ebene Spiegel

A1 Ein Bleistift steht vor einem Spiegel (rechts). Du siehst links fünf Bleistifte, die mögliche Spiegelbilder des rechten Bleistifts darstellen. Gib die Nummer des richtigen Spiegelbilds an. _____

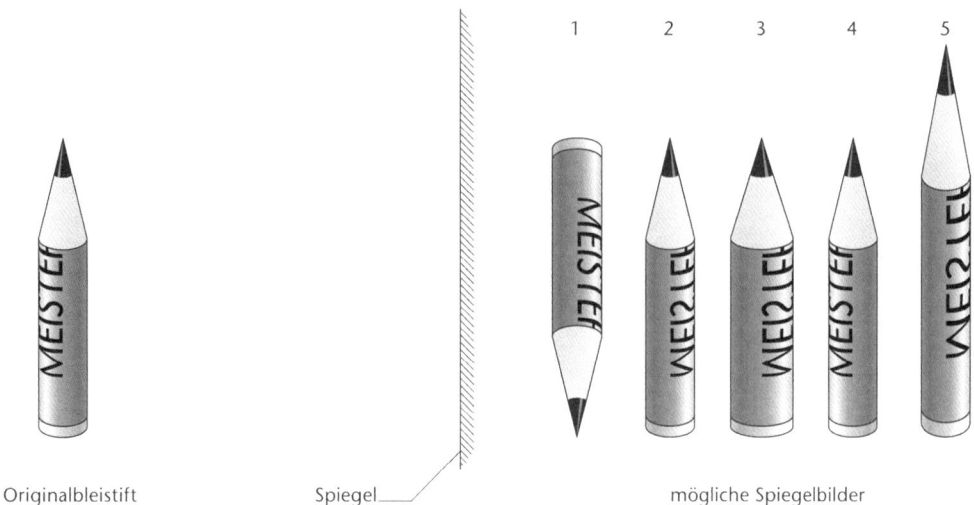

Originalbleistift   Spiegel   mögliche Spiegelbilder

Welche Eigenschaften des Originalbleistifts bleiben im Spiegelbild erhalten? Kreuze an.

Beschriftung _____   Abstand vom Boden _____   Dicke _____

Oben und unten _____   Abstand vom Spiegel _____   Höhe _____

A2 Drei nicht einsehbare Schachteln enthalten je einen oder zwei Spiegel, an denen ein Lichtstrahl in der eingezeichneten Weise abgelenkt wird. Zeichne den oder die Spiegel in der richtigen Lage ein.

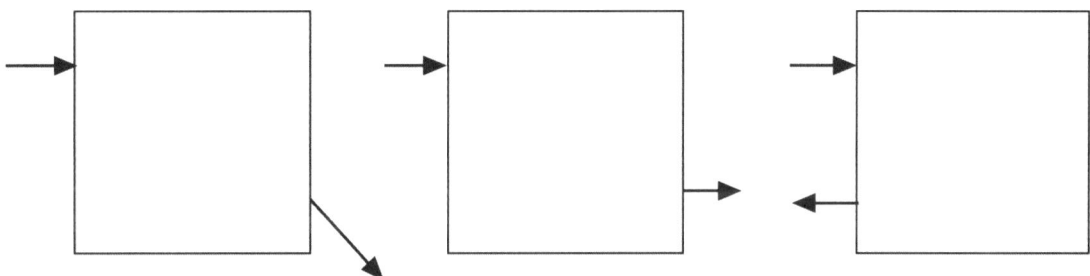

A3 Die am Fahrrad angebrachten Katzenaugen sind so konstruiert, dass sie das Licht in die Richtung zurückwerfen, aus der es gekommen ist. Das Bild zeigt ein Spiegelsegment eines Katzenauges, auf das drei parallele Strahlen fallen.

a) Zeichne den Verlauf der Lichtstrahlen ein. Benutze dazu einen roten Buntstift. Verwende für Hilfslinien einen Bleistift.

b) Gib an, in welche Richtung die Lichtstrahlen reflektiert werden.

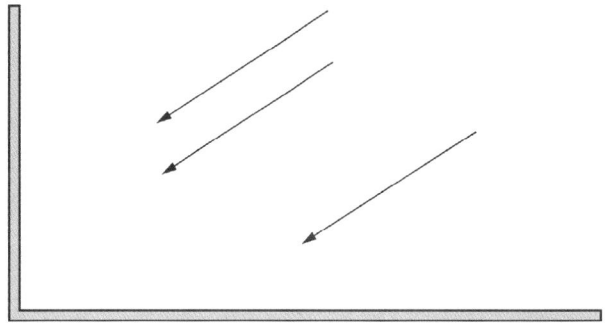

_____

_____

_____

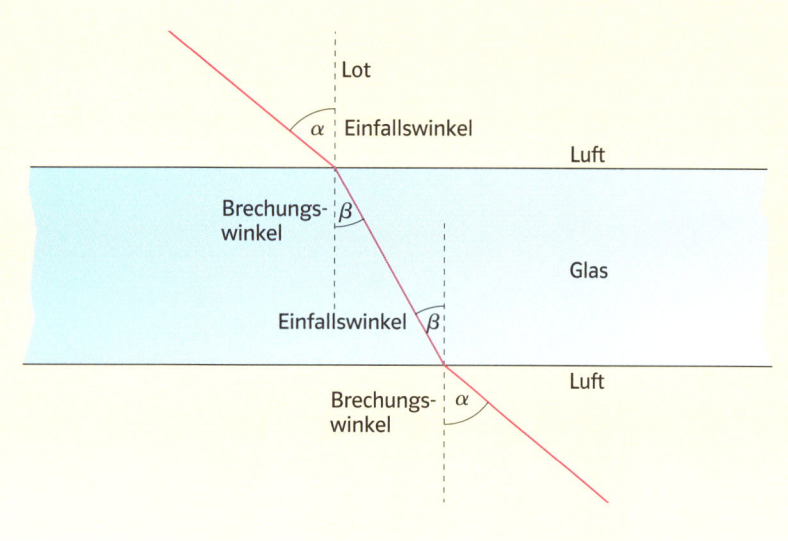

1 Lichtbrechung an der Grenzfläche zwischen Luft und Glas

2 Ein Knick im Trinkhalm?

Die Brechung des Lichts

Geknickte Lichtstrahlen

Der Trinkhalm im Wasserglas sieht geknickt aus, obwohl er selbst immer noch gerade ist (▷ B1). Am Übergang zwischen Luft und Wasser werden die Lichtstrahlen aus ihrer Richtung abgelenkt. Man sagt, dass die Lichtstrahlen an der Grenzfläche zwischen dem Wasser und der Luft **gebrochen** werden.

Wie wird das Licht gebrochen?

Ein Lichtstrahl wird beim Eintritt von Luft in Wasser aus seiner Richtung abgelenkt. Das Gleiche geschieht beim Übergang von Luft in Glas. Luft und Glas haben eine verschiedene **optische Dichte**. Luft ist ein optisch dünner Stoff, Glas ist ein optisch dichter Stoff. Wenn ein Lichtstrahl von einem optisch dünnen Stoff (z. B. Luft) in einen optisch dichten Stoff (z. B. Glas) übertritt, dann wird er immer zum Lot hin gebrochen (▷ B2). Der Winkel zwischen dem einfallenden Lichtstrahl und dem Lot (Einfallswinkel α) ist größer als der Winkel zwischen dem gebrochenen Lichtstrahl und dem Lot (Brechungswinkel β).
Die umgekehrte Beobachtung machst du, wenn ein Lichtstrahl vom Glas in die Luft übertritt. Wenn ein Lichtstrahl von einem optisch dichten Stoff (z. B. Glas) in einen optisch dünnen Stoff (z. B. Luft) übertritt,

dann wird er immer vom Lot weg gebrochen. Der Einfallswinkel α ist kleiner als der Brechungswinkel β.

Beim Übergang von einem optisch dünnen Stoff in einen optisch dichten Stoff wird ein Lichtstrahl zum Lot hin gebrochen. Beim Übergang von einem optisch dichten Stoff in einen optisch dünnen Stoff wird ein Lichtstrahl vom Lot weg gebrochen.

AUFGABEN

1 ○ Beschreibe, wie die Lichtstrahlen beim Übergang von Luft in Glas und beim Übergang vom Glas in Luft gebrochen werden.

2 ◑ Begründe mithilfe der Brechung, warum der Trinkhalm in Bild 2 geknickt erscheint.

3 ● Erkläre, warum ein Trinkglas unter Wasser kaum zu erkennen ist.

VERSUCH

1 Plane einen Versuch, mit dem du die Winkel beim Übergang von Luft zum Wasser bestimmen kannst.

Wie Licht bricht

A1 Ein Mann jagt mit einem Speer einen Fisch, der knapp unter der Wasseroberfläche schwimmt.

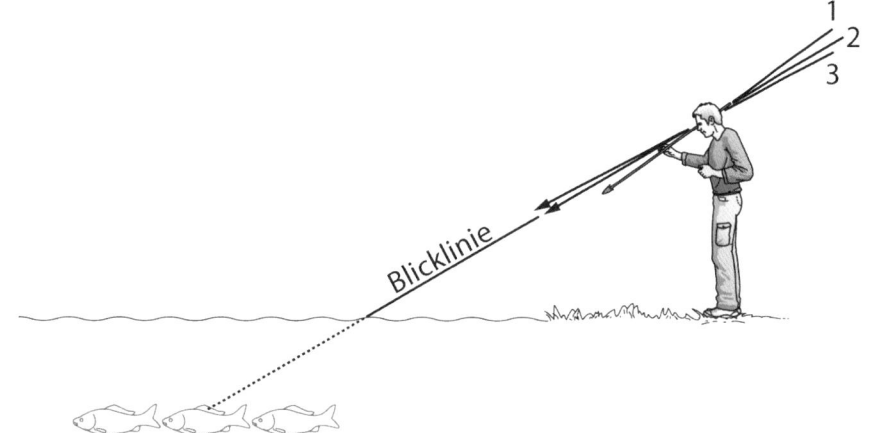

○ a) Gib an, unter welchem Winkel der Fischer den Speer werfen muss, um den Fisch in der Mitte zu treffen: Entlang der Blicklinie (2), etwas steiler (1) oder etwas flacher (3).

   Lösung: _____

◑ b) Zeichne den Lichtweg ein, über den der Fischer die Rückenflosse des Fisches sieht.

A2 Auf einen gläsernen Tisch fällt von schräg oben ein Lichtstrahl.

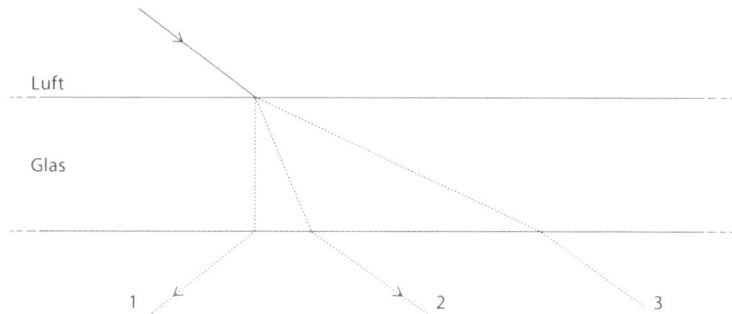

○ a) Gib an, welchen der drei gezeigten Wege der Strahl durch die Platte nimmt. Antwort: _____

● b) Fälle das Lot an den beiden Grenzflächen zwischen Luft und Glas. Zeichne die Einfallswinkel und die Brechungswinkel ein. Du brauchst nur zwei Symbole: α und β. Gleiche Winkel erhalten gleiche Symbole.

◑ **A3** Kreuze die richtigen Aussagen an.

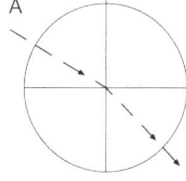

☐ Der Lichtstrahl bei A fällt von einem optisch dichteren in ein optisch dünneres Medium.

☐ Der Lichtstrahl bei A fällt von einem optisch dünneren in ein optisch dichteres Medium.

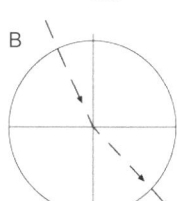

☐ Der Lichtstrahl bei B fällt von einem optisch dichteren in ein optisch dünneres Medium.

☐ Der Lichtstrahl bei B fällt von einem optisch dünneren in ein optisch dichteres Medium.

1 Glasfasern leiten das Licht.

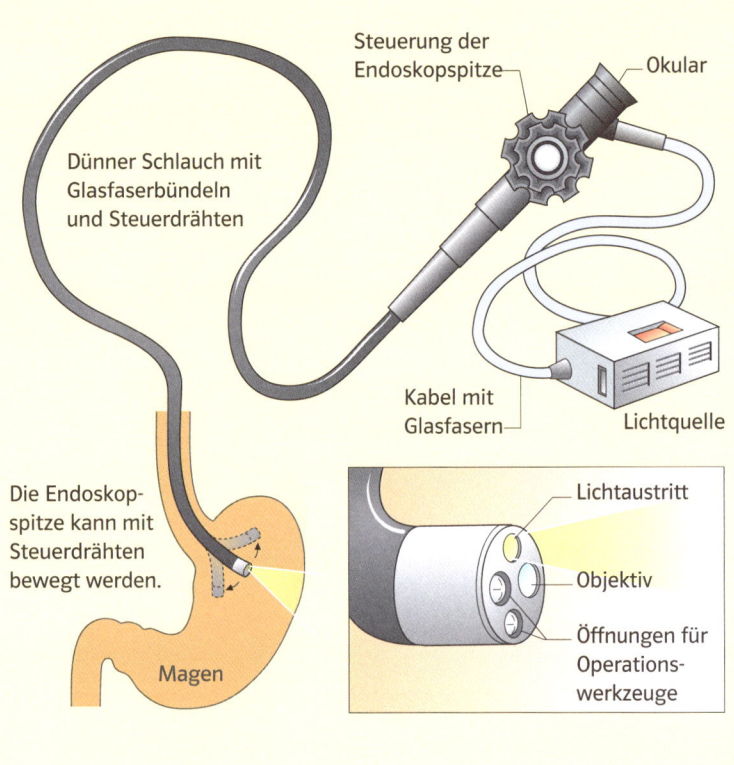

Steuerung der
Endoskopspitze

Okular

Dünner Schlauch mit
Glasfaserbündeln
und Steuerdrähten

Kabel mit
Glasfasern

Lichtquelle

Die Endoskop-
spitze kann mit
Steuerdrähten
bewegt werden.

Magen

Lichtaustritt

Objektiv

Öffnungen für
Operations-
werkzeuge

2 Ein Endoskop

Totalreflexion

Von der Brechung zur Reflexion

Wenn ein Lichtstrahl vom Glas in die Luft übertritt, dann wird er vom Lot weg gebrochen. Der Brechungswinkel ist dabei größer als der Einfallswinkel. (▷ V 1a). Wenn du den Einfallswinkel immer weiter vergrößerst, erreicht der Brechungswinkel schließlich einen Wert von 90° (▷ V 1d). Das bedeutet, dass ab jetzt der Lichtstrahl das Glas nicht mehr verlassen kann. Stattdessen wird der Lichtstrahl nun zurück in das Glas reflektiert. Man nennt diesen Effekt **Totalreflexion** des Lichts. Die Totalreflexion gibt es nur, wenn ein Lichtstrahl von einem optisch dichten Stoff in einen optisch dünnen Stoff übertritt. Deshalb kann Totalreflexion auch beim Übergang von Wasser in Luft auftreten. (▶ Wechselwirkung, S. 126/127)

Lichtleiter

Glasfasern bestehen aus sehr klarem Glas. Wenn das Wasser so durchsichtig wäre wie eine Glasfaser, dann könntest du den Grund eines Ozeans in 10 000 m Tiefe sehen. Wird Licht in eine Glasfaser geschickt, dann kann es aufgrund der Totalreflexion die Wände der Glasfaser nicht verlassen. Es wird innerhalb der Glasfaser hin und her reflektiert und kann erst am Ende wieder austreten (▷ B 1).

Glasfasern können Bilder und Daten über weite Strecken übertragen, ohne dass das Signal zwischendurch verstärkt werden muss. Die Datenmenge, die ein Lichtleiter übertragen kann, ist viel größer als bei einem Kabel aus Kupfer. Ein großer Teil der Daten, die zwischen Europa und

Nordamerika ausgetauscht werden, leitet man über Glasfaserkabel auf dem Grund des Atlantiks.

Glasfasern in der Medizin

Ein Endoskop erspart dem Patienten oft aufwändige Operationen. Bei einer Magenuntersuchung wird dem Patienten ein dünner Schlauch durch die Speiseröhre in den Magen eingeführt. Der Schlauch enthält mehrere Glasfaserbündel, die das Licht leiten können (▷ B 2). Durch eines dieser Bündel wird Licht in den Magen eingeleitet. Die Magenwände reflektieren das Licht, und ein anderes Glasfaserbündel überträgt die Bilder aus dem Magen auf ein Okular am Ende des Endoskops (▷ B 2). Auf diese Weise kann der Arzt den Magen untersuchen, ohne ihn zu öffnen. Andere Endoskope haben an ihren Enden kleine Operationswerkzeuge. Damit kann der Arzt chirurgische Eingriffe durchführen, ohne den Körper des Patienten durch eine große Operation zu belasten.

Ab einem bestimmten Winkel wird ein Lichtstrahl beim Übergang zwischen einem optisch dichten in einen optisch dünnen Stoff vollständig reflektiert. Diese Erscheinung heißt Totalreflexion.

AUFGABEN

1 ○ Was passiert mit einem Lichtstrahl bei der Totalreflexion? Beschreibe.

2 ○ Zähle die Vorteile auf, die ein Glasfaserkabel gegenüber einem Kupferkabel hat.

3 ◔ Begründe, warum ein Lichtstrahl einen Lichtleiter nur an seinem Ende verlassen kann.

4 ● Wenn du von unten auf die Wasseroberfläche eines Aquariums schaust, siehst du wie in einem Spiegel den Boden des Aquariums. Erkläre, wie dieser Effekt zustande kommt.

5 ● Lies aus dem Diagramm (▷ B 4) die Brechungswinkel für folgende Einfallswinkel ab: 12°; 25°; 37°.

VERSUCH

1 a) Lege den halbkreisförmigen Glaskörper auf die Kreisscheibe (▷ B 3). Miss den Einfallswinkel eines Lichtstrahls und bestimme den Brechungswinkel.
b) Wiederhole den Versuch für unterschiedliche Winkel.
d) Bestimme den Einfallswinkel, bei dem du keinen gebrochenen Lichtstrahl mehr erkennen kannst. Beschreibe, was stattdessen mit dem Lichtstrahl passiert.
e) Stelle den Zusammenhang zwischen Einfallswinkel und Brechungswinkel in einem Versuchsprotokoll grafisch dar.

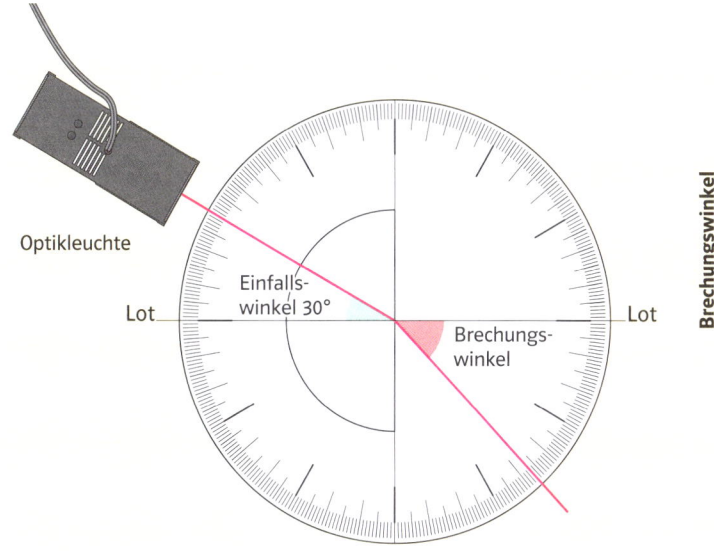

3 Lichtbrechung beim Übergang von Glas in Luft

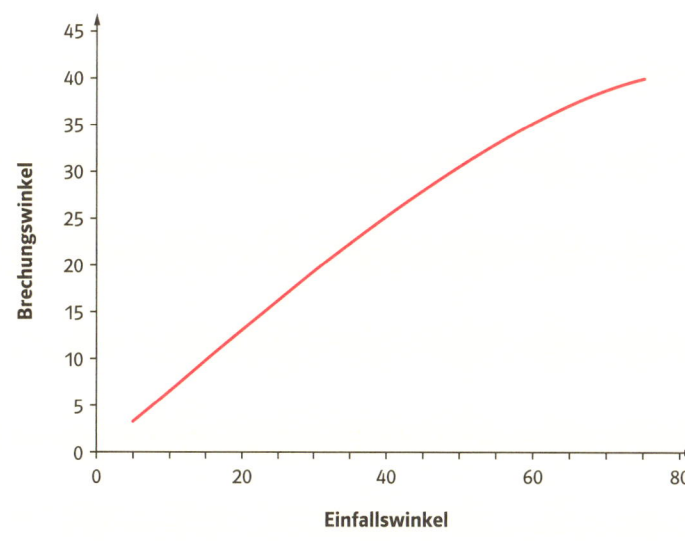

4 Zusammenhang zwischen Einfallswinkel und Brechungswinkel

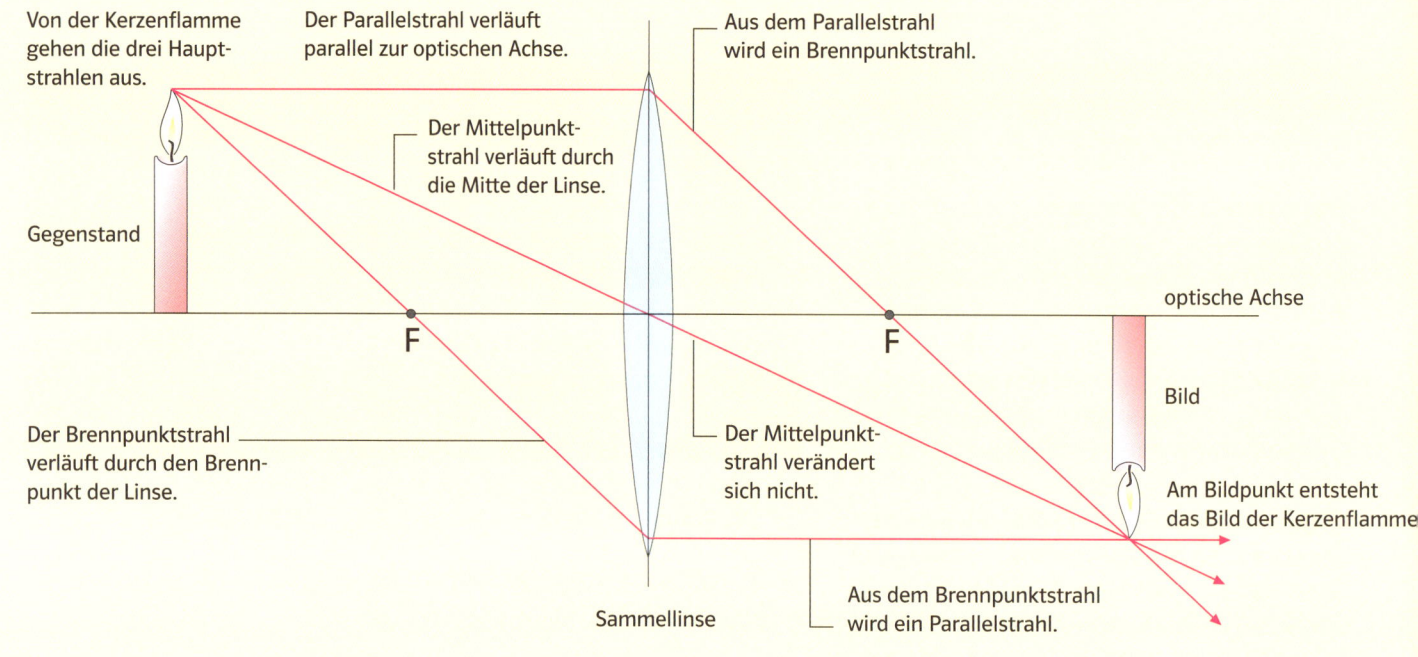

Von der Kerzenflamme gehen die drei Hauptstrahlen aus.

Der Parallelstrahl verläuft parallel zur optischen Achse.

Aus dem Parallelstrahl wird ein Brennpunktstrahl.

Der Mittelpunktstrahl verläuft durch die Mitte der Linse.

Gegenstand

optische Achse

Der Brennpunktstrahl verläuft durch den Brennpunkt der Linse.

Der Mittelpunktstrahl verändert sich nicht.

Bild

Am Bildpunkt entsteht das Bild der Kerzenflamme

Sammellinse

Aus dem Brennpunktstrahl wird ein Parallelstrahl.

1 Konstruktion eines Bilds mit drei Hauptstrahlen

Optische Linsen

Die Brille

Viele Menschen benötigen eine Brille, weil sie unscharf sehen. Sieht man nur in der Ferne alles scharf, so ist man **weitsichtig**. Kann man nur im Nahbereich scharf sehen, so ist man **kurzsichtig**. Mit einer Brille wird die Weitsichtigkeit oder die Kurzsichtigkeit korrigiert. Die Brillen für Weitsichtige bestehen aus **Sammellinsen**. Die Brillen für Kurzsichtige bestehen aus **Zerstreuungslinsen**.

Sammellinsen

Sammellinsen sind so geformt, dass sie das Licht sammeln. Sammellinsen sind in der Mitte dicker als am Rand. Alle Lichtstrahlen, die parallel auf eine Sammellinse fallen, gehen hinter der Sammellinse durch einen gemeinsamen Punkt. Dieser Punkt

heißt **Brennpunkt**. Im Brennpunkt kann es so heiß werden, dass sich z. B. Papier entzündet. Je stärker die Linse gekrümmt ist, desto näher liegt der Brennpunkt an der Linse. Den Abstand zwischen Brennpunkt und der Linse nennt man **Brennweite**. Um das Bild einer Sammellinse zu konstruieren, verwendet man die Hauptstrahlen (▷ B 1).

Sammellinsen findest du auch im Auge, in der Handykamera, beim Fotoapparat oder beim Beamer. Mithilfe von Sammellinsen können z. B. auf einer Leinwand Bilder aufgefangen werden.

Bei weitsichtigen Menschen ist der Augapfel zu kurz. Durch eine Sammellinse in der Brille werden die Lichtstrahlen stärker gebrochen. Die Lichtstrahlen treffen dadurch im Auge so auf, dass ein scharfes Bild auf Netzhaut entsteht.

Zerstreuungslinsen

Zerstreuungslinsen sind so geformt, dass sie das Licht zerstreuen. Zerstreuungslinsen sind am Rand dicker als in der Mitte. In Bild 3 fallen die Lichtstrahlen parallel auf eine Zerstreuungslinse. In diesem Fall laufen die Lichtstrahlen hinter der Zerstreungslinse auseinander. Wenn du die zerstreuten Lichtstrahlen hinter der Linse in Gedanken zurück verlängerst, stellst du fest: Die Lichtstrahlen treffen sich in einem Punkt. Dieser Punkt heißt virtueller Brennpunkt (scheinbarer Brennpunkt).

Bei kurzsichtigen Menschen ist der Augapfel zu lang. Durch eine Zerstreuungslinse werden die Lichtstrahlen so verändert, dass auf der Netzhaut ein scharfes Bild entsteht. (► Materie, S. 122/123)

Sammellinsen sind in der Mitte dicker als am Rand. Sie vereinigen parallele Lichtstrahlen in einem Punkt. Sammellinsen haben einen Brennpunkt.

Zerstreuungslinsen sind in der Mitte dünner als am Rand. Sie zerstreuen parallele Lichtstrahlen. Zerstreuungslinsen haben einen virtuellen Brennpunkt.

2 Eine Lupe ist eine Sammellinse.

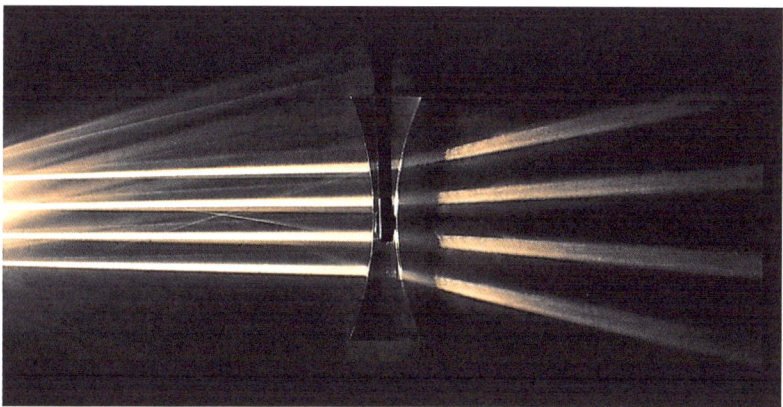

3 Lichtbrechung an einer Zerstreuungslinse

AUFGABEN

1 ○ Beschreibe die Form von Sammellinsen und Zerstreuungslinsen.

2 ○ Gib den Zusammenhang zwischen der Linsenform und der Brennweite einer Sammellinse an.

3 ◐ Erkläre den Unterschied zwischen dem Brennpunkt einer Sammellinse und dem virtuellen Brennpunkt einer Zerstreuungslinse.

4 ◐ Konstruiere das Bild eines 3 cm hohen Gegenstandes, der 12 cm vor einer Sammellinse steht. Die Brennweite der Sammellinse beträgt 4 cm.

5 ● Du kannst zwei Sammellinsen hintereinander anordnen. Wie verändert sich die Brennweite einer solchen Linsenkombination im Vergleich zu den Brennweiten der einzelnen Linsen? Begründe deine Antwort.

VERSUCHE

1 a) Erzeuge mithilfe einer Experimentierleuchte parallele Lichtstrahlen. Lasse diese Lichtstrahlen auf eine Sammellinse fallen. Zeichne den Verlauf der Lichtstrahlen vor und hinter der Linse ein.
b) Tausche die Sammellinse gegen stärker bzw. schwächer gekrümmte Sammellinsen aus. Lass wieder paralleles Licht auf die Linse fallen. Zeichne den Verlauf der Lichtstrahlen.

2 Tausche die Sammellinse gegen eine Zerstreuungslinse und wiederhole Versuch 1.

Sammeln und Zerstreuen

A1 Die beiden Bilder zeigen den Weg paralleler Lichtstrahlen durch zwei verschiedene Linsen.

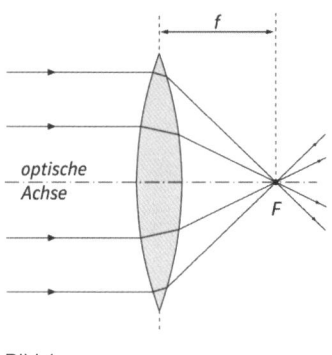

Bild 1   Bild 2

● a) Beschreibe, wodurch sich die Linsentypen unterscheiden.

_____ sind in der Mitte _____.

_____ sind in der Mitte _____.

● b) Beschreibe, was mit den Lichtstrahlen passiert, die parallel zur optischen Achse auf die Linse einfallen.

Parallele Lichtstrahlen, die auf eine _____ fallen, _____

_____.

Parallele Lichtstrahlen, die auf eine _____ fallen, _____

_____.

Der Abstand zwischen Linse und Brennpunkt heißt _____.

○ **A2** Ordne die verschiedenen Linsenformen dem jeweiligen Linsentyp zu.

a)

c)

d)

b)

e)

Sammellinse   Zerstreuungslinse

Das Auge des Menschen

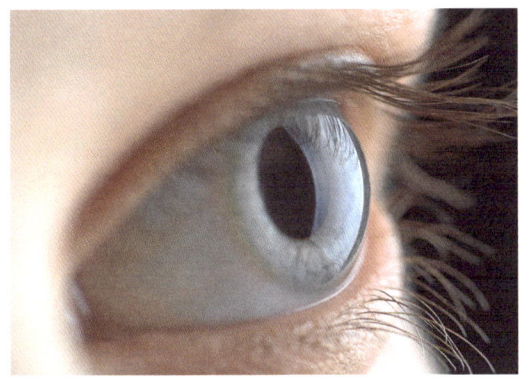

1 Das Auge – ein System aus vielen Teilen

In Bild 2 siehst du, aus welchen Teilen unser Auge besteht. Alle Teile des Auges arbeiten zusammen, damit wir sehen können.

Der Weg der Lichtstrahlen durch das Auge

Auf ihrem Weg durch das Auge durchdringen die Lichtstrahlen zuerst die durchsichtige Hornhaut und anschließend die Pupille (▷ B1). Direkt hinter der Pupille fallen die Lichtstrahlen auf die Linse. Anschließend durchlaufen die Lichtstrahlen den Glaskörper. Dann erreichen die Lichtstrahlen die lichtempfindlichen Zellen der Netzhaut. Hier enden die Lichtstrahlen, da das Auge nach hinten hin abgeschlossen ist.

Das Auge ist ein System aus vielen Teilen, die alle aufeinander abgestimmt sind.

AUFGABEN

1 ○ Nenne die wichtigsten Teile des menschlichen Auges. Gib die Funktion dieser Teile an.

2 ◐ Was passiert im Auge, wenn du in die Ferne oder in die Nähe schaust und scharf sehen möchtest? Beschreibe.

3 ● In unserem Auge gibt es einen so genannten Blinden Fleck. Warum heißt diese Stelle im Auge so? Recherchiere.

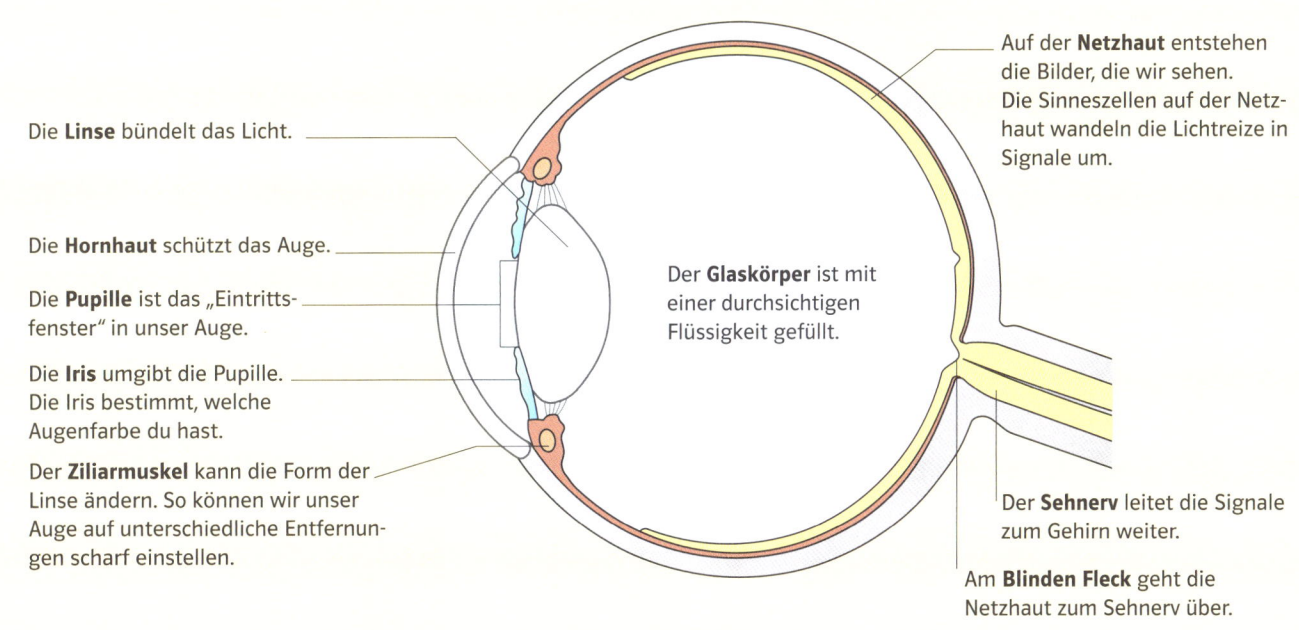

Die **Linse** bündelt das Licht.

Die **Hornhaut** schützt das Auge.

Die **Pupille** ist das „Eintrittsfenster" in unser Auge.

Die **Iris** umgibt die Pupille. Die Iris bestimmt, welche Augenfarbe du hast.

Der **Ziliarmuskel** kann die Form der Linse ändern. So können wir unser Auge auf unterschiedliche Entfernungen scharf einstellen.

Auf der **Netzhaut** entstehen die Bilder, die wir sehen. Die Sinneszellen auf der Netzhaut wandeln die Lichtreize in Signale um.

Der **Glaskörper** ist mit einer durchsichtigen Flüssigkeit gefüllt.

Der **Sehnerv** leitet die Signale zum Gehirn weiter.

Am **Blinden Fleck** geht die Netzhaut zum Sehnerv über.

2 So ist unser Auge aufgebaut.

1 Die Farben eines Regenbogens

Die Zerlegung des weißen Lichts

Farben aus dem Licht

Ein Diamant liegt im Schaufenster eines Schmuckgeschäfts: Es erscheinen die schönsten Farben. Fachleute bewundern ihr prächtiges Zusammenspiel, das „Feuer" des Diamanten (▷ B 2). Doch woher kommen die vielen Farben? Schließlich wird der farblose Diamant nur mit dem weißen Licht der Schaufensterbeleuchtung angestrahlt. Auch ein Regenbogen entsteht nur durch das weiße Sonnenlicht (▷ B 1).

Die Zerlegung des weißen Lichtes

Wenn du ein geschliffenes Glas in das Licht eines Tageslichtprojektors hältst, kannst du ähnliche Farben wie bei einem Diamanten beobachten (▷ V 1). Sind die verschiedenen Farben bereits im weißen Licht enthalten? Betrachte ein geschliffenes Trinkglas genauer (▷ B 3): Du kannst feststellen,

dass besondere Formen in das Glas hinein geschliffen wurden. Die Flächen dieser Formen stehen geneigt zueinander.

2 Diamanten – schillernde Schmuckstücke

Ein **Prisma** ist ein Körper, der ebenfalls aus zueinander geneigten Flächen besteht. Trifft weißes Licht in ein Prisma (▷ V 2), erscheinen die Farben Rot, Orange, Gelb, Grün, Blau und Violett. Diese **Spektralfarben** sind in Form eines Streifens angeordnet, den man **Farbspektrum** nennt.

Was geschieht in einem Prisma?

In einem Prisma wird das Licht zweimal gebrochen: Einmal beim Eintritt von der Luft in das Glas und ein zweites Mal beim Austritt aus dem Glas in die Luft (▷ B 4). Im Gegensatz zu einer Glasscheibe wird das Licht im Prisma beide Male in die gleiche Richtung gebrochen.

Rotes Licht wird am geringsten gebrochen. Es wird nur wenig aus seiner ursprünglichen Richtung abgelenkt und erscheint deshalb am oberen Ende des Spektrums. Violettes Licht wird am stärksten gebrochen. Es erscheint am unteren Ende des Spektrums.

Trifft weißes Licht auf ein Prisma, wird es in seine Spektralfarben zerlegt. Die Anordnung der Farben nennt man Farbspektrum.
In einem Prisma werden die Spektralfarben unterschiedlich stark gebrochen. Dadurch kann ein Prisma die Farben des Spektrums voneinander trennen.

3 Geschliffene Gläser erzeugen Farbspektren.

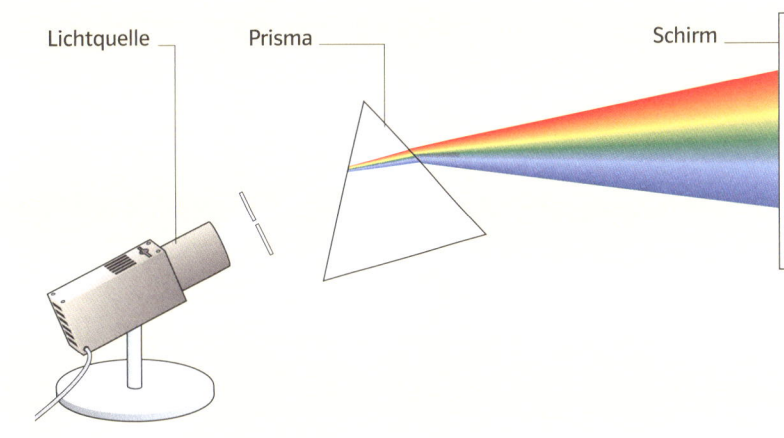

4 Die Zerlegung des weißen Lichts

1 ○ Erkläre die Begriffe Farbspektrum und Spektralfarben.

2 ○ Beschreibe, wie ein Prisma die verschiedenen Farben des weißen Lichtes trennt.

3 ◑ Zähle zwei Beispiele aus dem Alltag auf, bei denen weißes Licht in Spektralfarben zerlegt wird.

4 ◑ Begründe, warum weißes Licht mit einem Prisma zerlegt werden kann, dies mit einer Fensterscheibe jedoch nicht möglich ist.

5 ◑ Stell dir vor, du lässt eine einzige Spektralfarbe in ein Prisma fallen. Würde diese Farbe ebenfalls zerlegt werden? Begründe deine Überlegungen.

6 ● Besteht das weiße Licht tatsächlich nur aus den sechs Spektralfarben? Begründe deine Antwort.

VERSUCHE

1 Halte verschiedene geschliffene Gläser in das Licht eines Tageslichtprojektors. Du kannst z. B. Weingläser, Kerzenständer oder geschliffene Glaskugeln benutzen. Beschreibe deine Beobachtungen.

2 Erzeuge mithilfe einer Strichblende und einer Sammellinse ein schmales Lichtbündel. Dieses Lichtbündel fällt auf ein Prisma, hinter dem sich ein Schirm befindet (▷ B 4). Notiere die entstehenden Farben in ihrer Reihenfolge.

Wie entsteht ein Regenbogen?

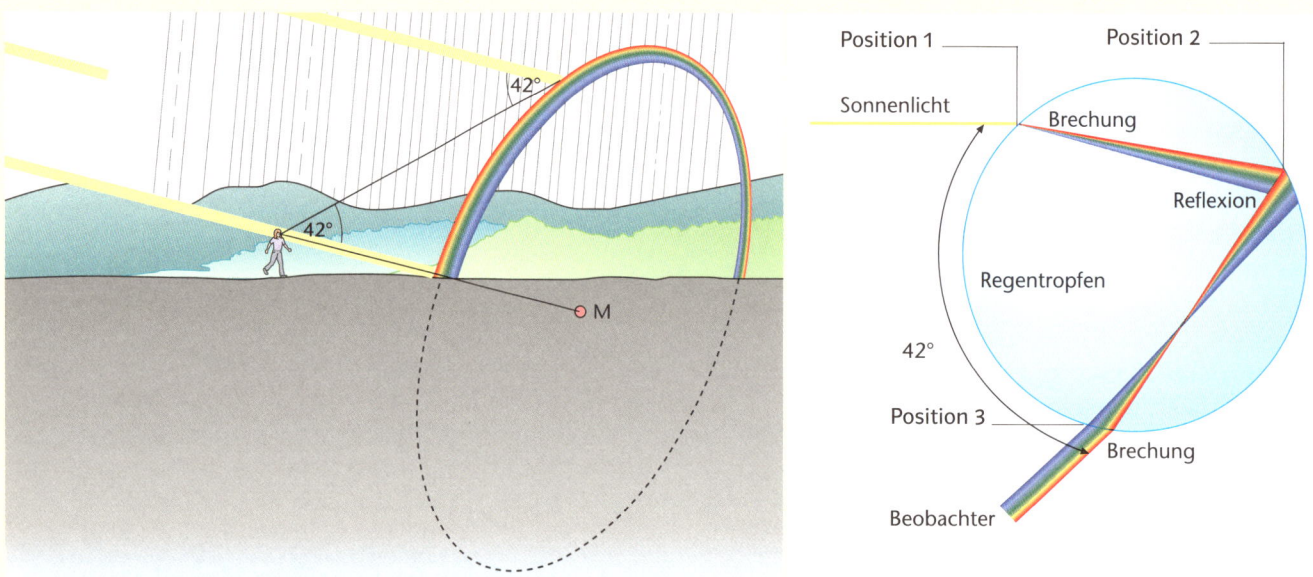

1 Wie ein Regenbogen entsteht.

2 Strahlenverlauf im Regentropfen

Woher kommen die Farben im Regenbogen?

Ein Regenbogen entsteht immer dann, wenn es kräftig regnet und gleichzeitig die Sonne auf die Regentropfen scheint. Betrachte die Vorgänge in einem einzelnen Tropfen: Beim Eintreten in den Tropfen wird das weiße Licht der Sonne gebrochen und dabei in seine Spektralfarben zerlegt (▷ B 2, Position 1). An der Rückseite des Tropfens wird ein Teil des zerlegten Lichts wieder zurück in den Tropfen reflektiert (Position 2). Dieses Licht tritt dann vorne am Tropfen aus (Position 3). Dabei wird es ein zweites Mal gebrochen und weiter aufgefächert. Aus dem ursprünglich weißen Sonnenlicht entsteht durch Lichtbrechung im Tropfen ein Lichtbündel, das die Farben des Spektrums enthält.

Wo findest du den Regenbogen am Himmel?

Bei jedem Regenbogen beträgt der Winkel zwischen dem einfallenden Licht der Sonne und dem ausfallenden Licht 42°.

Und so findest du den Regenbogen am Himmel: Stelle dich so, dass die Sonne genau hinter dir ist. Verlängere in Gedanken die Linie von der Sonne zu dir (zum Beobachter) nach vorn. Du siehst dann den Regenbogen in einem Winkel von 42° zu dieser gedachten Linie (▷ B 1).

AUFGABEN

1 ◉ Beschreibe die Vorgänge in einem Regentropfen, wenn weißes Sonnenlicht auf ihn fällt.

2 ◉ Morgens und abends steht ein Regenbogen hoch am Himmel. Mittags ist nur ein kleiner Ausschnitt des Bogens in der Nähe des Horizonts zu sehen. Erkläre diese Erscheinung.

3 ● In einer Sage heißt es, dass am Fuße des Regenbogens ein Schatz vergraben sei. Kann man wirklich zum Ende eines Regenbogens gehen? Erkläre.

Farbige Lichter mischen

Farben, aus Licht gemischt

Wenn du den Bildschirm eines Fernsehers oder Monitors mit der Lupe betrachtest, dann erkennst du die vielen leuchtenden Pixel (▷ B 1). Allerdings gibt es nur rote, grüne und blaue Pixel. Wie entstehen daraus die vielen anderen Farben, die du auf dem Bildschirm sehen kannst? Im Versuch 1 lässt du das Licht einer roten, einer grünen und einer blauen Lichtquelle so auf einen Schirm fallen, dass sich die farbigen Lichtflecke zum Teil überschneiden (▷ B 2). Dort erkennst du neue Farben. Man spricht von der **Farbaddition**.

Rot + Grün	⟶	Gelb
Rot + Blau	⟶	Magenta
Grün + Blau	⟶	Cyan
Rot + Grün + Blau	⟶	Weiß

Farbbildschirme

Die Farbaddition wird bei Farbbildschirmen verwendet. Die roten, grünen und blauen Pixel leuchten verschieden hell auf und ihre Farben überlagern sich in deinen Augen. Dadurch entstehen für dich die vielen verschiedenen Farben.

1 Vergrößerte Pixel eines Farbbildschirms

2 Farbiges Licht wird überlagert.

AUFGABEN

1 ⊖ a) Beschreibe, wie ein Farbmonitor die Farben Rot, Gelb und Weiß erzeugt.
⊖ b) Ein Bildschirm kann auch Schwarz wiedergeben. Beschreibe, wie das funktioniert.

2 ● Im Bild 2 siehst du Spektralfarben und Mischfarben. Beschreibe den Unterschied zwischen einer Spektralfarbe und einer Mischfarbe.

3 ● Auch ein Handy-Display ist ein Farbbildschirm. Plane einen Versuch, mit dem du bestimmen kannst, wie viele Farbpunkte ein Handy-Display pro Millimeter hat.

VERSUCH

1 Setze vor drei Optikleuchten eine rote, eine grüne und eine blaue Glasscheibe. Richte die Optikleuchten so aus, dass sich ihre Lichtkegel teilweise überlagern (▷ B 2). Nenne die Mischfarben, die du in den überlagerten Bereichen erkennst.

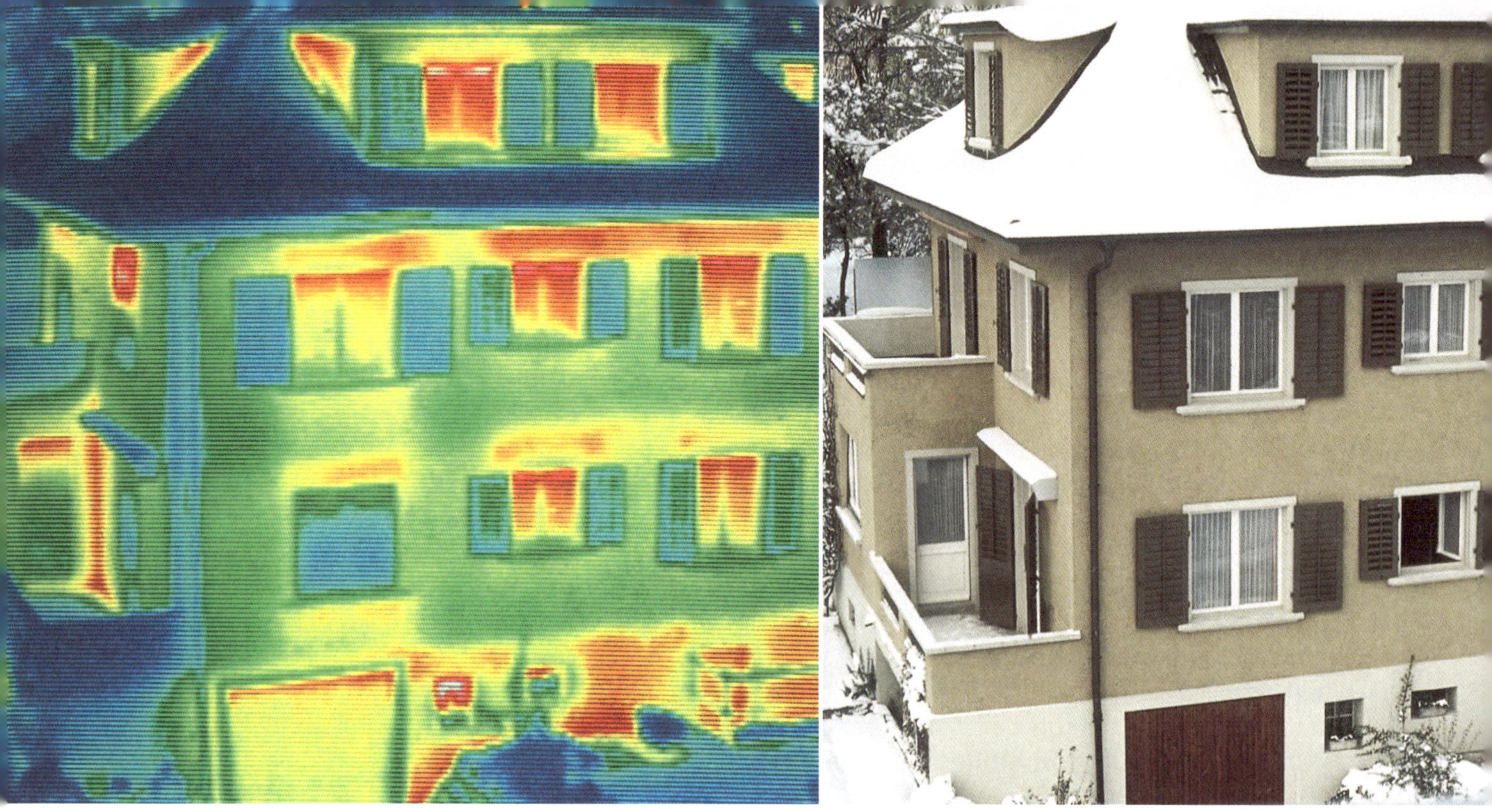

1 Die Wärmebildkamera zeigt an, wo ein Haus Wärme abgibt.

Unsichtbares Licht

Infrarotes Licht

Das Haus von Bild 1 haben zwei verschiedene Kameras aufgenommen. Das rechte Bild hat eine gewöhnliche Kamera fotografiert, die das sichtbare Licht aufnimmt. Das linke Bild hat eine Wärmebildkamera fotografiert, die ein besonderes Licht aufnimmt: das **infrarote Licht**. Es liegt im Farbspektrum unterhalb des roten Lichts. Infrarotes Licht (IR-Licht) können wir nicht sehen, wir können es nur als Wärmestrahlung wahrnehmen. Die besonders warmen Bereiche des Hauses werden auf dem Bild in den hellen Farben wiedergegeben. Alle warmen Gegenstände senden infrarotes Licht aus.

Ultraviolettes Licht

Im Farbspektrum findest du oberhalb des violetten Lichts das ebenfalls unsichtbare **ultraviolette Licht**. Keiner deiner Sinne kann dieses Licht wahrnehmen, zum Nachweis musst du andere Hilfsmittel verwenden (▷ V 1). Ultraviolettes Licht (UV-Licht) hat auch schädigende Wirkungen. Es bleicht Farbstoffe aus und kann die Zellen der Lebewesen schädigen.

Die Wirkungen von IR- und UV-Licht

Infrarotes Licht dringt in die Haut ein und erwärmt das Gewebe darunter.

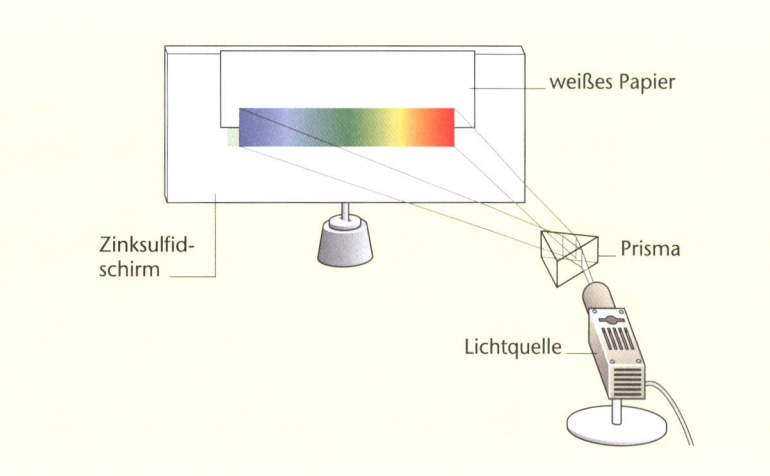

weißes Papier

Zinksulfidschirm

Prisma

Lichtquelle

2 Nachweis von ultraviolettem Licht

Infrarotlampen setzt man deshalb zur Behandlung von Muskelverspannungen, Rheuma und chronischen Entzündungen ein.

Unser Körper benötigt UV-Licht zum Aufbau von Vitamin D. Deshalb ist es sinnvoll, sich im Winter häufiger dem Sonnenlicht auszusetzen, das einen hohen Anteil an UV-Licht besitzt.

Zu viel UV-Strahlung auf unserer Haut schädigt die Hautzellen. Ein Sonnenbrand ist die schmerzhafte Folge. In schlimmen Fällen werden die Hautzellen so stark geschädigt, dass bösartiger Hautkrebs auftritt. Ein Hautarzt berät dich über Veränderungen der Haut, die auf eine solche Erkrankung hindeuten können.
Bei einem längeren Aufenthalt in der Sonne musst du dich daher vor der UV-Strahlung schützen. Das kann durch lichtundurchlässige Kleidung oder durch ein Sonnenschutzmittel geschehen.

Neben dem sichtbaren Licht gibt es das infrarote Licht und das ultraviolette Licht. IR-Licht und UV-Licht können wir nicht mit den Augen wahrnehmen.

AUFGABEN

1 ○ Beschreibe, wie du IR-Licht wahrnehmen kannst.

2 ○ Beschreibe, wie IR-Licht und UV-Licht in der Technik verwendet werden.

3 ○ Welche Gefahren hat das UV-Licht? Zähle sie auf und beschreibe, wie du dich davor schützen kannst.

4 ◐ Es gibt Lebewesen, die IR-Licht und UV-Licht wahrnehmen können. Finde Beispiele für diese Lebewesen heraus und gib an, wozu diese Lebewesen das UV-Licht und IR-Licht verwenden.

5 ◐ Recherchiere, was der „Schutzfaktor" eines Sonnenschutzmittels angibt.

6 ◐ a) Begründe, wo das Haus im Bild 1 die größten Wärmeverluste hat.
● b) Wie könnte man an diesen Stellen die Wärmeverluste verringern? Beschreibe verschiedene Möglichkeiten.

VERSUCH

1 Lass das Farbspektrum von weißem Licht auf einen Zinksulfid-Schirm fallen. Decke die obere Hälfte des Schirms mit einem weißen Papier so ab, dass das Spektrum auf beide Materialien fällt (▷ B 2). Beschreibe die Unterschiede.

Wusstest du schon, dass …

… eine Wärmebildkamera die Infrarotstrahlung aufnimmt, die jeder warme Gegenstand aussendet?

… viele Fernbedienungen Leuchtdioden enthalten, die codierte IR-Strahlung aussenden und damit z. B. einen Fernseher steuern?

… ein Ohrthermometer sehr genau die IR-Strahlung des menschlichen Körpers misst und daraus die Körpertemperatur errechnet?

… ein Zahnarzt UV-Strahlung einsetzt, um eine Kunststofffüllung aushärten zu lassen?

… es möglich ist, Trinkwasser durch UV-Strahlung zu desinfizieren und damit auf das Chlor zu verzichten?

… ein Bewegungsmelder IR-Strahlung aufnimmt, aber nur dann reagiert, wenn sich die Wärmestrahlung schnell ändert?

3 Wusstest du schon …?

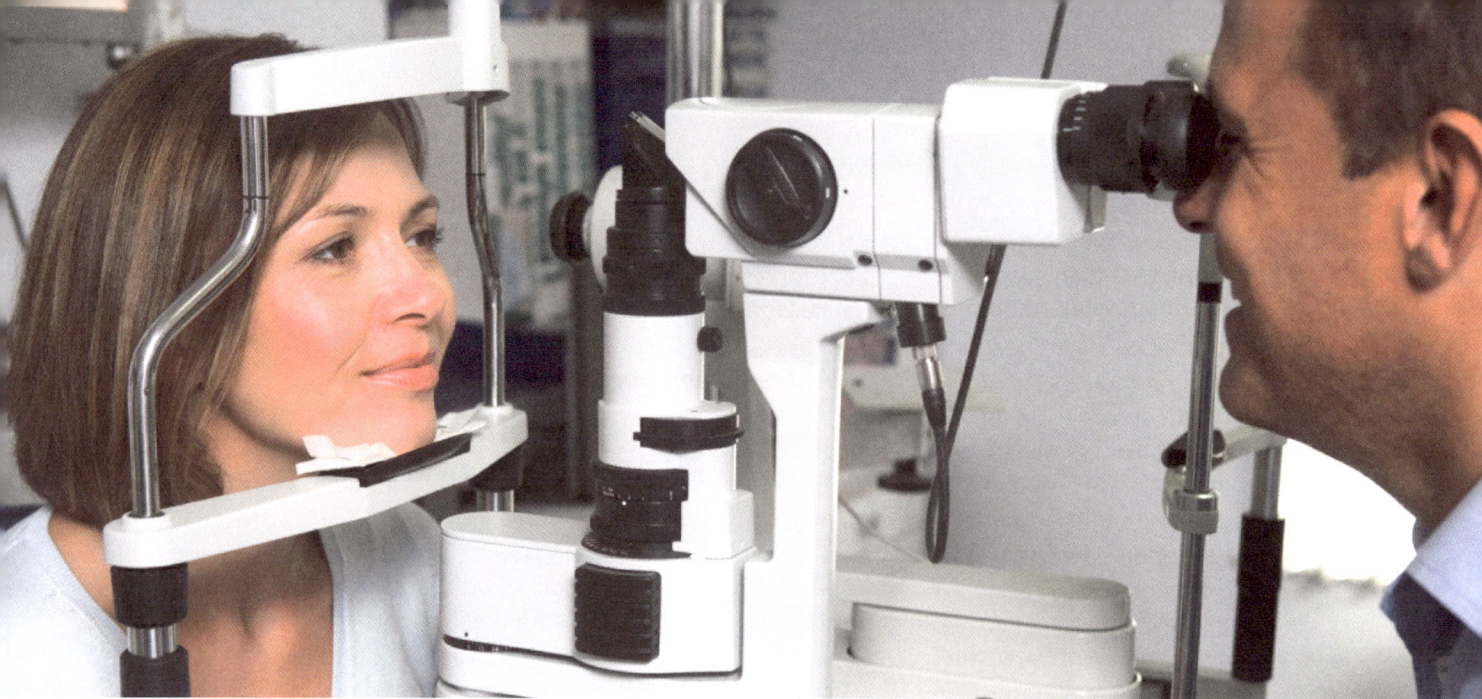

1 Facharzt für Augenheilkunde

Berufe in der Optik

Viele Menschen sind auf optische Linsen angewiesen und benötigen sie zur Teilnahme am täglichen Leben. Wusstest du, dass etwa jeder zweite Erwachsene eine Brille oder Kontaktlinsen trägt?

Auch im Berufsleben benötigt man optische Instrumente (▷ B 3). Uhrmacher brauchen Lupen für ihre feinmechanische Arbeit und Mediziner benutzen Mikroskope zur Untersuchung von Geweben und Krankheitserregern. Astronomen forschen mit großen Teleskopen nach fernen Welten und wir alle benutzen Fotoapparate und Kameras, um Erinnerungen in Bildern festzuhalten.

Berufe mit Durchblick
Feinoptiker/innen fertigen die Gläser und Linsen für viele optische Geräte an (▷ B 2). Dazu fräsen, schleifen und polieren sie Rohlinge aus Glas und Kunststoffen. Einzelne Linsen bauen sie zu optischen Systemen zusammen, die zum Beispiel in medizinische Geräten und in Satelliten eingebaut werden. Feinoptiker/innen müssen sehr genau arbeiten, zum Teil wird

eine Genauigkeit bis in den Millionstel-millimeter-Bereich verlangt. Obwohl mittlerweile viele Arbeitsschritte durch Präzisionsmaschinen erledigt werden, sind ein gutes Auge und feinmechanische Fähigkeiten Voraussetzungen für diesen Beruf.

Wenn du eine Brille oder Kontaktlinsen brauchst, gehst du zum Optiker. **Augenoptiker/innen** führen einen Sehtest durch und bestimmen die Position der Brillengläser. Danach werden die passenden Gläser ausgewählt und bei einem Lieferanten bestellt. Die Rohlinge muss der Optiker in die Brillenfassung einpassen und individuell ausrichten. Die fertige Brille wird anschließend so angepasst, dass sie der Kunde über lange Zeit bequem tragen kann. Nicht zuletzt steht die typgerechte Beratung beim Kauf eines Brillengestells im Vordergrund. Eine Brille soll nicht nur zweckmäßig sein, sondern auch zum Stil des Kunden passen.

Die Ursachen für einen Sehfehler oder eine Augenkrankheit werden vom Augenarzt, einem/r **Facharzt/Fachärztin für Augen-heilkunde** untersucht (▷ B1). Viele Augen-ärzte haben eine eigene Praxis, in der sie ihre Patienten untersuchen, Diagnosen stellen, die Behandlung festlegen und klei-nere Operationen durchführen. Die Ausbil-dung zum Facharzt für Augenheilkunde ist lang. Nach der allgemeinen Hochschulreife (Abitur) besucht der angehende Mediziner für mindestens 6 Jahre eine Hochschule/ Universität. Das letzte Jahr arbeitet er praktisch in einer Klinik. Danach schließt sich die Weiterbildung zum Facharzt für Augenheilkunde an. Diese Ausbildung dauert in Deutschland 5 Jahre. Erst danach ist man Facharzt. Der Beruf des Mediziners hat ein hohes Ansehen, stellt aber sehr hohe Anforderungen an den Bewerber.

In einer Praxis für Augenheilkunde wird der Facharzt durch den/die **medizinische/n Fachangestellte/n** unterstützt. Sie empfan-gen die Patienten, nehmen ihre Daten auf, vergeben neue Termine und behalten die Übersicht über die Abrechnungen. Neben den medizinischen Aufgaben arbeiten sie auch im kaufmännischen Bereich und ar-beiten häufig am PC. Bei der Untersuchung des Patienten sorgen die medizinischen

Fachangestellten dafür, dass die Geräte funktionieren und bereitstehen. Die Ar-beitsaufgaben sind vielseitig und erfordern ein hohes Verantwortungsbewusstsein sowie Freude am Umgang mit Menschen.

In der Optik gibt es zum Beispiel folgende Berufe: Augenoptiker/in, Feinoptiker/in, Facharzt/Fachärztin für Augenheilkunde, medizinische/r Fachangestellte/r.

AUFGABEN

1 ○ Zähle Berufsfelder auf, in denen man optische Geräte be-nötigt.

2 ○ Stelle die Ausbildung zum/r Facharzt/Fachärztin für Augen-heilkunde tabellarisch dar.

3 ○ Du benötigst eine neue Brille. Zähle die Berufe auf, mit denen du dabei in Kontakt kommst und beschreibe ihre Auf-gaben.

4 ◑ Erkundige dich auf den Internetseiten der Bundesagentur für Arbeit nach den Voraussetzungen, die ein/e Bewerber/in für die Berufe in der Optik mitbringen sollte.

5 ◑ Verfasse eine Bewerbung für einen Praktikumsplatz in einem der Berufe in der Optik.

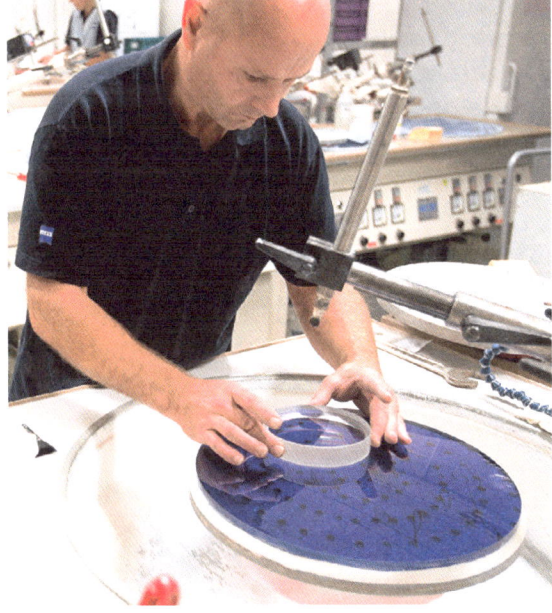

2 Feinoptiker

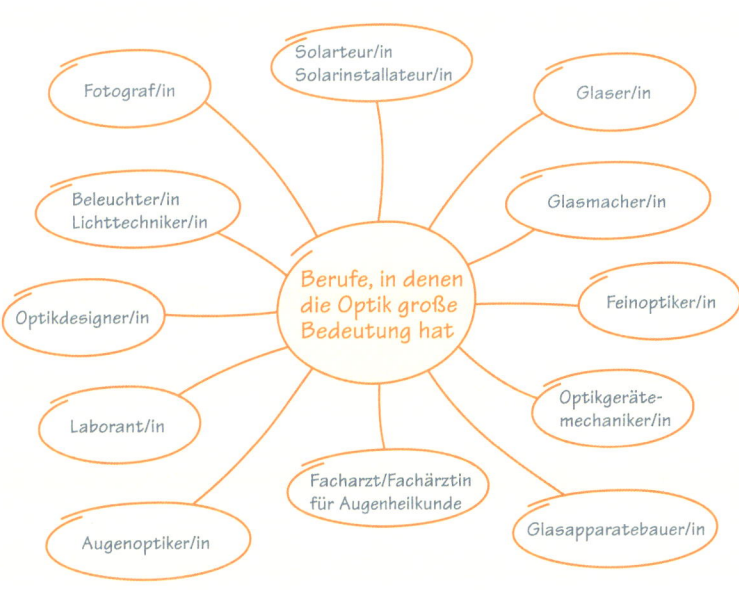

3 Auswahl einiger Berufe in der Optik

Zusammenfassung

Lichtquellen, Lichtempfänger
Lichtquellen senden das Licht aus. Lichtquellen erzeugen selber Licht. Die wichtigste Lichtquelle ist die Sonne. Lichtempfänger nehmen das Licht auf. Das Licht braucht keinen Träger zur Ausbreitung.

Lichtausbreitung
Sehr dünne Lichtbündel nennt man Lichtstrahlen. Lichtstrahlen breiten sich geradlinig aus.
Das Licht breitet sich mit einer Geschwindigkeit von etwa 300 000 km/s aus.

Absorption
Fällt Licht auf einen Gegenstand, dann wird auch ein Teil des Lichts absorbiert. Dunkle Flächen absorbieren das Licht stärker als helle Flächen. Bei der Absorption wird ein Teil des Lichts in Wärme umgewandelt.

Reflexionsgesetz
Wenn ein Lichtstrahl auf einen Spiegel fällt, dann gilt: Der Einfallswinkel ist genauso groß wie der Reflexionswinkel.

Spiegelbilder
Spiegelbilder entstehen durch die Reflexion von Lichtstrahlen. Der Gegenstand und sein Bild haben scheinbar denselben Abstand zu einem ebenen Spiegel.

Lichtbrechung
Beim Übergang von einem Stoff in einen anderen Stoff wird das Licht gebrochen. Beim Übergang von einem optisch dünnen Stoff in einen optisch dichten Stoff wird ein Lichtstrahl zum Lot hin gebrochen. Beim Übergang von einem optisch dichten Stoff in einen optisch dünnen Stoff wird ein Lichtstrahl vom Lot weg gebrochen. Ab einem bestimmten Winkel wird das Licht nur noch reflektiert. Dies nennt man Totalreflexion.

Linsen
Bei Linsen nutzt man die Lichtbrechung aus. Parallele Lichtstrahlen werden durch eine Sammellinse so gebrochen, dass die Strahlen durch einen Punkt verlaufen. Verlaufen die Lichtstrahlen parallel zur optischen Achse, dann heißt dieser Punkt Brennpunkt. Parallele Lichtstrahlen werden durch eine Zerstreuungslinse so gebrochen, dass sie nach der Linse auseinander laufen.

Das Auge
Das Auge ist unser wichtigster Lichtempfänger. Das Licht von einem Gegenstand wird durch die Augenlinse gebrochen. Auf der Netzhaut entsteht dadurch ein Bild. In der Netzhaut befinden sich Sinneszellen, die die Lichtreize in Signale umwandeln. Die Signale werden vom Sehnerv zum Gehirn geleitet.

Die Zerlegung des weißen Lichts
Trifft weißes Licht auf ein Prisma, dann wird es in seine Spektralfarben zerlegt. Im Spektrum sind die Farben Rot, Orange, Gelb, Grün, Blau und Violett enthalten.

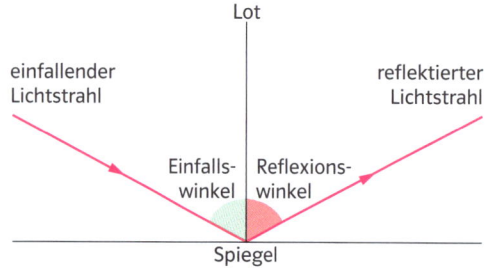

1 Reflexionsgesetz

AUFGABEN

1 ○ An einem sonnigen Tag siehst du ein blühendes Rapsfeld. Beschreibe den Weg des Lichts vom Sender zum Empfänger.

👍 Super! ❓ ► S. 34/35

2 ○ Gib die Eigenschaften eines Bilds an, das mit einer Lochkamera erzeugt wurde.

👍 Super! ❓ ► S. 38

3 ○ Gib an, welche Oberflächen das Licht gut und welche das Licht schlecht absorbieren.

👍 Super! ❓ ► S. 40

4 ○ Ein Lichtstrahl fällt schräg auf einen ebenen Spiegel. Gib an, wie der Lichtstrahl reflektiert wird.

👍 Super! ❓ ► S. 41

5 ○ Beschreibe, wie Lichtstrahlen beim Übertritt von Luft in Glas bzw. von Glas in Luft gebrochen werden.

👍 Super! ❓ ► S. 44

6 ◔ Zeichne zwei parallele Strahlen, die schräg auf einen Spiegel fallen. Ergänze die Lote und die reflektierten Strahlen. Trage die Einfallswinkel und die Reflexionswinkel in unterschiedlichen Farben ein.

👍 Super! ❓ ► S. 41

7 ● Auf dem Boden einer Wanne mit Wasser liegt ein ebener Spiegel. Ein Lichtstrahl fällt schräg auf die Wasseroberfläche. Skizziere den Aufbau. Skizziere den Lichtstrahl und seinen weiteren Verlauf.

👍 Super! ❓ ► S. 41, 44

8 ◔ Ein Lichtstrahl fällt in einem Winkel von 40° auf eine 3 cm dicke Glasscheibe. Der Brechungswinkel beträgt 25°. Konstruiere den Weg des Lichts, bis es auf der anderen Seite der Glasscheibe wieder austritt.

👍 Super! ❓ ► S. 44

9 ◔ Licht fällt parallel zur optischen Achse auf eine Sammellinse bzw. eine Zerstreuungslinse. Konstruiere den Weg des Lichts, wenn die Brennweite 5 cm beträgt.

👍 Super! ❓ ► S. 48/49

10 ● a) Finde heraus, warum an vielen Kassen ein Geldschein unter eine UV-Lampe gehalten wird.
b) Lässt sich die gleiche Beobachtung machen, wenn man einen Geldschein unter eine IR-Lampe hält? Begründe.

👍 Super! ❓ ► S. 58/59

► Musterlösungen auf Seite 131   **63**

3 Wärme und Materie

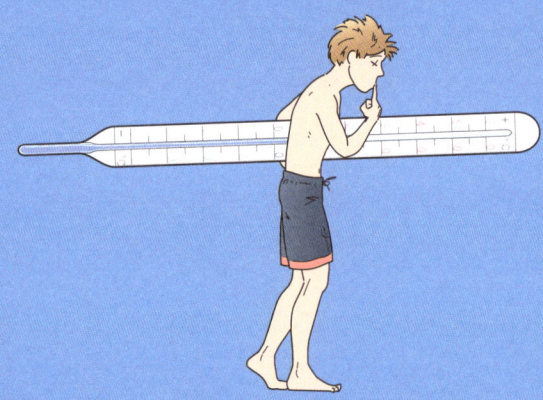

- Wie funktioniert das Thermometer?

- Warum ist Wasser mal flüssig, mal fest?

- Wie funktioniert ein Bügeleisen?

- Warum siedet Wasser auf hohen Bergen schneller?

1 Freibad

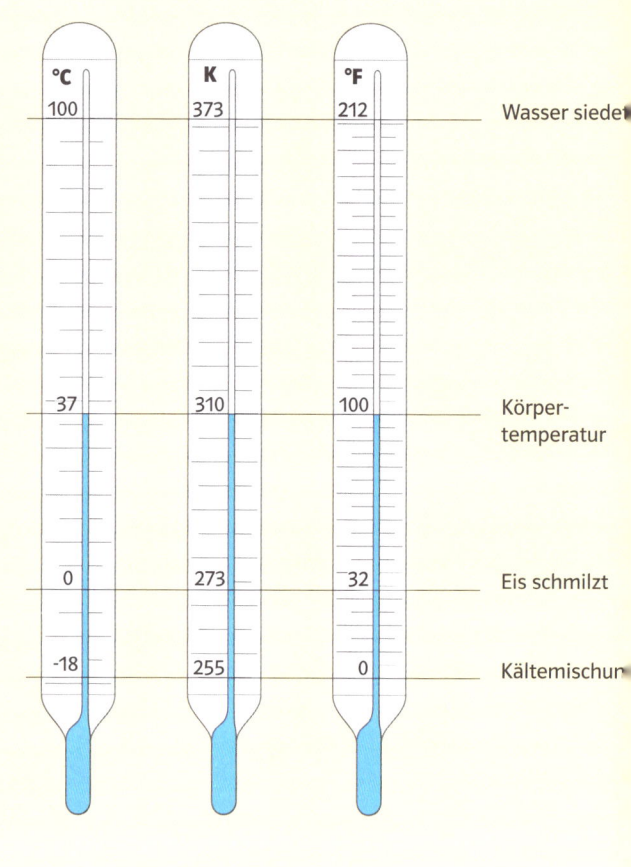

2 Verschiedene Temperatur-Skalen

Labels on thermometers (from top to bottom): Wasser siedet, Körpertemperatur, Eis schmilzt, Kältemischung

Temperatursinn und Thermometer

Im Freibad

Jochen und Anke gehen an einem heißen Sommertag ins Freibad. Sie ziehen sich um, legen ihre Sachen auf die Liegewiese und gehen ins Schwimmbecken (▷ B 1). Jochen duscht sich noch kalt ab, während Anke gleich die Stufen in das Becken hinabsteigt. „Ist das kalt!", ruft Anke und geht langsam Stufe für Stufe tiefer ins Wasser. Jochen springt ins Becken und taucht wieder auf. „Ist doch ganz warm", sagt er. „Komm endlich rein, du Frostbeule." Warum empfinden die beiden die Wassertemperatur so unterschiedlich?

Der Temperatursinn

In der Haut liegen „Sensoren", mit denen wir Wärme oder Kälte fühlen. Anke und Jochen empfinden die gleiche **Temperatur** des Wassers unterschiedlich, weil sie vorher unterschiedlichen Temperaturen ausgesetzt waren. Jochen empfindet das Wasser nach dem kalten Duschen als warm. Anke erscheint das Wasser aber kalt im Vergleich zur warmen Luft.

Der **Temperatursinn** ist für uns Menschen überlebenswichtig, damit wir unseren Körper entsprechend schützen.

Das Thermometer

Wenn wir aber genau wissen wollen, wie warm oder kalt es ist, benutzten wir dazu ein Messgerät. Temperaturen werden mit dem **Thermometer** gemessen.

Der Abstand zwischen den Temperaturen ist auf dieser Skala in 100 gleich große Teile eingeteilt. Es können auch Temperaturen über 100 °C und unter 0 °C gemessen werden. Temperaturen unter 0 °C werden z. B. mit − 5 °C bezeichnet.

Grad Celsius

Thermometer, die bei uns im täglichen Gebrauch sind, haben eine Celsius-Skala. Diese ist benannt nach dem schwedischen Wissenschaftler ANDERS CELSIUS (1701–1744). Auf der Celsius-Skala liegt der Gefrierpunkt von Wasser bei 0 °C (lies: Null Grad Celsius). Der Siedepunkt liegt bei 100 °C.

Kelvin

Eine weitere Temperatur-Skala ist die Kelvin-Skala. Thermometer mit dieser Skala werden meistens im technischen Bereich eingesetzt. Der Engländer LORD KELVIN (1824–1907) nahm als Nullpunkt für seine Skala die tiefst mögliche Temperatur. Sie liegt bei −273 °C. Auf der Kelvin-Skala siedet Wasser also bei 373 K (lies: 373 Kelvin). Temperaturunterschiede werden immer in Kelvin (K) angegeben. Beispiel: Der Temperaturunterschied von +10 °C bis +85 °C beträgt 75 K.

Grad Fahrenheit

In den USA werden Thermometer mit der Fahrenheit-Skala verwendet. Der deutsche Forscher GABRIEL FAHRENHEIT (1687–1736) entwickelte seine Skala etwa 30 Jahre vor CELSIUS.
Bei der Fahrenheit-Skala spielt die Körpertemperatur des Menschen von 37 °C eine wichtige Rolle. Diese Temperatur wurde als 100 °F festgelegt.

Temperatur und Wärme

Alle Wärmequellen geben Wärme ab. Wärme ist das, was ein warmer Körper abgibt oder ein kalter Körper aufnimmt. Dadurch verändert sich die Temperatur des Körpers. Die Temperatur ist das, was das Thermometer anzeigt.

Mit dem Temperatursinn empfinden wir unsere Umwelt als warm oder kalt. Genaue Aussagen über die Temperatur können wir mithilfe des Thermometers machen. Temperaturen werden in Grad Celsius (°C), in Kelvin (K) oder Grad Fahrenheit (°F) angegeben.

3 Thermometer und Temperatursinn

AUFGABEN

1 ○ Benenne, wie Temperaturunterschiede angegeben werden.

2 ○ Lies aus Bild 2 für 37 °C die ungefähren Temperaturwerte in °F und K ab. Erstelle eine Tabelle mit weiteren Werten.

3 ◉ Warum empfindet Jochen das Wasser wärmer als Anke? Begründe.

4 ◉ Begründe, warum der Temperatursinn für uns Menschen wichtig ist.

5 ● Informiere dich über den Wissenschaftler ANDERS CELSIUS. Verfasse ein kurzes Referat und trage es deinen Mitschülerinnen und Mitschülern vor.

6 ● Was ist Wärme, was ist Temperatur? Erkläre.

VERSUCHE

1 Führe den Versuch wie in Bild 3 durch. Halte eine Hand in kaltes, die andere Hand in heißes Wasser. Tauche anschließend beide Hände in lauwarmes Wasser. Beschreibe und erkläre, was du empfindest.

2 Messt zu zweit an unterschiedlichen Stellen die Temperatur. Kontrolliert euch gegenseitig beim Ablesen der Temperaturen.

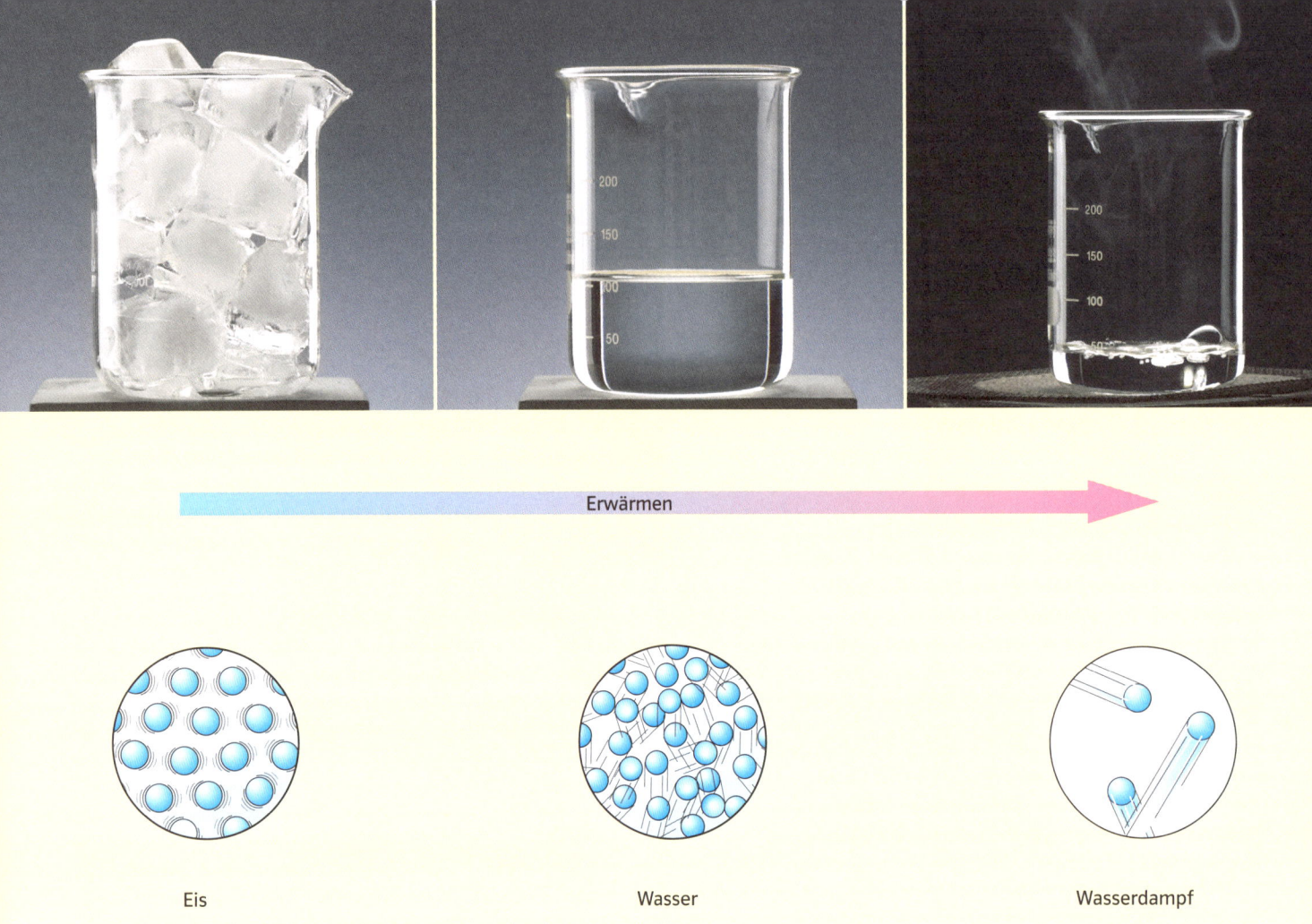

Erwärmen

Eis — Wasser — Wasserdampf

1 Die verschiedenen Aggregatzustände von Wasser

Schmelzen, Verdampfen, Kondensieren

Wasser in der Natur

Im Sommer ist es angenehm, auf einem See Boot zu fahren oder im Wasser zu planschen. Bleibt es lange Zeit heiß und trocken, sinkt der Wasserspiegel im See, da das Wasser verdunstet. Es bildet sich unsichtbarer Wasserdampf.

An kühlen Herbsttagen ist der See unter weißen Nebelschwaden verborgen. Nebel besteht aus kleinen Wassertröpfchen, die in der Luft schweben.

Bleibt es lange Zeit kalt, bedeckt eine Eisschicht den See. Das Wasser ist gefroren. Wasser kommt in drei Zustandsarten vor: Als Eis ist es **fest**, als Wasser **flüssig** und als Wasserdampf **gasförmig** (▷ B 1). Diese Zustandsarten werden auch **Aggregatzustände** genannt. In welchem Aggregatzustand das Wasser sich jeweils befindet, hängt von der Temperatur ab.

Die Aggregatzustände im Teilchenmodell

In einem festen Körper schwingen die Teilchen (d.h. die Atome bzw. Moleküle) um ihre Plätze, ohne diese zu verlassen. Wenn ein Körper erwärmt wird, dann nimmt die Bewegung der Teilchen zu. Dadurch vergrößert sich der Abstand zwischen den Teilchen und die Bindungskräfte untereinander werden schwächer (▷ B 1).

Wenn die Schmelztemperatur erreicht ist, dann sind die Bindungskräfte so schwach, dass die Teilchen ihre Plätze verlassen.

Der feste Körper geht in den flüssigen Zustand über, er **schmilzt**.

Bei weiterer Erwärmung geht der Körper vom flüssigen in den gasförmigen Zustand über, er verdampft. Die **Bindungskräfte** sind fast nicht mehr vorhanden. Wird das Gas abgekühlt, dann wird es wieder flüssig, es **kondensiert**. Wird die Flüssigkeit weiter abgekühlt, dann wird sie wieder fest, sie **erstarrt**. (► Materie, S.122/123)

Diese Zustandsänderungen kannst du auch bei anderen Stoffen beobachten:
- Kerzenwachs schmilzt und wird schließlich gasförmig.
- Metalle werden geschmolzen, um sie in Formen zu gießen. So können z.B. Teile für Maschinen hergestellt werden.

Wasser kann in drei Aggregatzuständen vorliegen: fest, flüssig oder gasförmig.

Beim Schmelzen wird ein Feststoff flüssig. Beim Verdampfen wird eine Flüssigkeit gasförmig. Dazu muss erwärmt werden.

Beim Kondensieren wird ein Gas flüssig. Beim Erstarren wird eine Flüssigkeit fest. Dazu muss gekühlt werden.

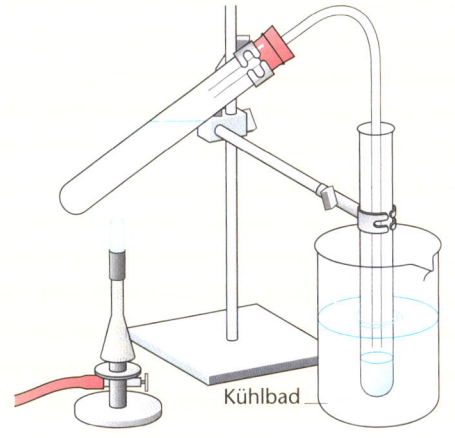

2 Wasserdampf entsteht.

BASISKONZEPT Materie

Stoffe können in fester, flüssiger oder gasförmiger Form vorliegen. Die Aggregatzustände eines Stoffes lassen sich mithilfe des Teilchenmodells erklären: In einem Feststoff liegen die Teilchen dicht und sehr geordnet aneinander und sind beinahe unbeweglich. In Flüssigkeiten sind die Teilchen daher ungeordnet und haben einen größeren Abstand zueinander. Da die Teilchen nur noch lose aneinanderhängen, lässt sich ein flüssiger Stoff beliebig verformen. Bei Gasen ist der Abstand zwischen den Teilchen noch größer und sie bewegen sich frei. Ein gasförmiger Stoff füllt den ihm zu Verfügung stehenden Raum vollständig aus. Führt man Energie in Form von Wärme zu, so bewegen sich die Teilchen schneller. Der Aggregatzustand ändert sich.

3 Materie besteht aus kleinsten Teilchen

AUFGABEN

1 ○ Nenne die Zustandsformen des Wassers.

2 ○ Beschreibe mit dem Teilchenmodell, wie sich die Aggregatzustände ändern.

3 ◕ Erkläre die Begriffe Schmelzen, Verdampfen und Kondensieren. Fertige eine passende Zeichnung an.

4 ◕ Finde heraus, welche Siede- und Schmelztemperaturen Alkohol, Wachs, Glas, Eisen und Helium haben. Lege eine Tabelle an.

5 ● Es gibt bei den Aggregatzuständen auch einen Vorgang, den man Sublimieren nennt. Recherchiere im Internet oder in Büchern und schreibe mit eigenen Worten eine Definition auf.

VERSUCHE

1 a) Lege drei Eiswürfel in ein Schälchen. Beobachte über einen längeren Zeitraum und beschreibe, was passiert.
b) Erkläre den Vorgang bei Versuch 1a und verwende dabei die gelernten Fachbegriffe.

2 Baue den Versuch wie in Bild 2 auf. Erwärme das Wasser bis zum Sieden. Achte darauf, dass du dich nicht verbrühst. Was passiert im rechten Reagenzglas? Erkläre.

Thermometerskalen

A1 1742 legte der schwedische Wissenschaftler ANDERS CELSIUS die nach ihm benannte Celsius-Temperaturskala fest. Du kannst seinen Versuch dazu selbst durchführen.

○ a) Fülle ein Becherglas mit Eiswürfeln. Tauche ein Thermometer ohne Skala hinein. Wenn sich die Flüssigkeitssäule nicht mehr bewegt, kannst du die Stelle auf dem Thermometer (mit einem wasserfesten Stift) markieren.

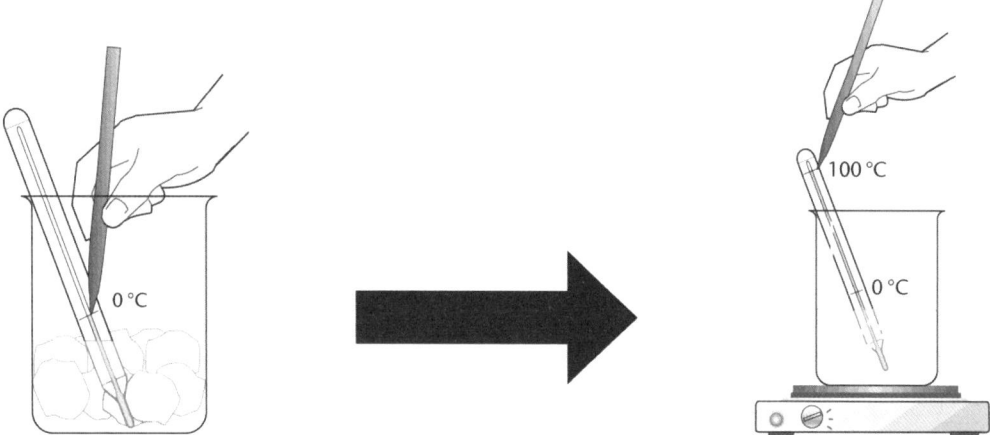

○ b) Erhitze Wasser in einem zweiten Becherglas auf einer Kochplatte, bis es brodelt. Setze eine Schutzbrille auf. Tauche das Thermometer in das siedende Wasser. Warte wieder, bis die Flüssigkeitssäule zur Ruhe kommt. Markiere den Stand der Flüssigkeitssäule mit 100 °C.

◒ c) Unterteile auf deinem Thermometer den Abstand zwischen 0 °C und 100 °C in 20 gleiche Abschnitte.

◒ d) Unterteile auf dem abgebildeten Thermometer den Abstand zwischen 0 °C und 100 °C in 20 gleiche Teile. Beschrifte die Skala sinnvoll.

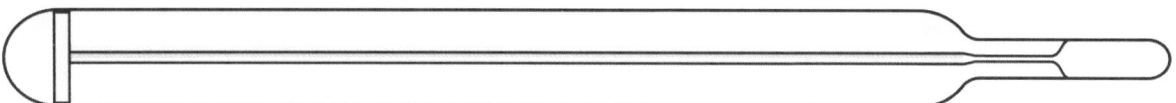

● **A2** Erkläre, wie Flüssigkeitsthermometer funktionieren.

Flüssigkeitsthermometer:

_____

_____

_____

_____

Schmelzen, Verdampfen und zurück

A1 Wasser gibt es in drei Zuständen. Die Bilder zeigen dir diese Zustände.
○ a) Benenne diese drei Zustände des Wassers.
○ b) Alles um uns herum besteht aus kleinsten Teilchen. Auch das Wasser. Die folgenden Geschichten beschreiben das Verhalten der Wasserteilchen in den verschiedenen Zuständen. Ordne richtig zu.

Geschichte 1
Die Wasserteilchen bewegen sich leicht, der Abstand zwischen ihnen wird größer.

Geschichte 2
Der Abstand zwischen den Wasserteilchen ist groß. Sie bewegen sich sehr schnell.

Geschichte 3
Die Wasserteilchen haben einen festen Platz und bewegen sich kaum.

○ c) Stell dir vor, mit einer Superlupe könntest du die Wasserteilchen sehen. Zeichne in die Lupen einige Wasserteilchen als Kreise ein, so dass sie zu der richtigen Geschichte passen.

a) Zustand: _____

b) Geschichte 1 ☐
            2 ☐
            3 ☐

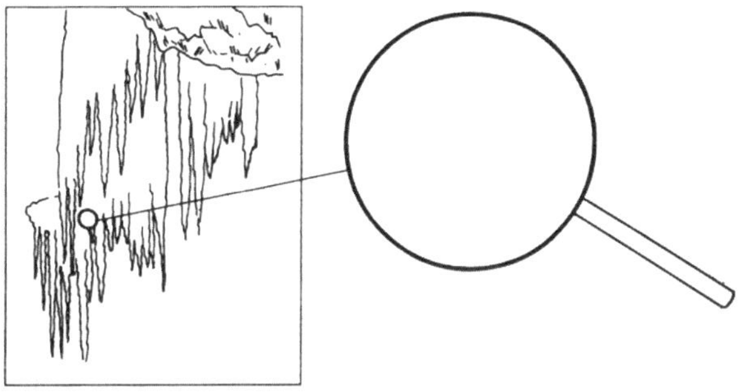

c) Lupe

a) Zustand: _____

b) Geschichte 1 ☐
            2 ☐
            3 ☐

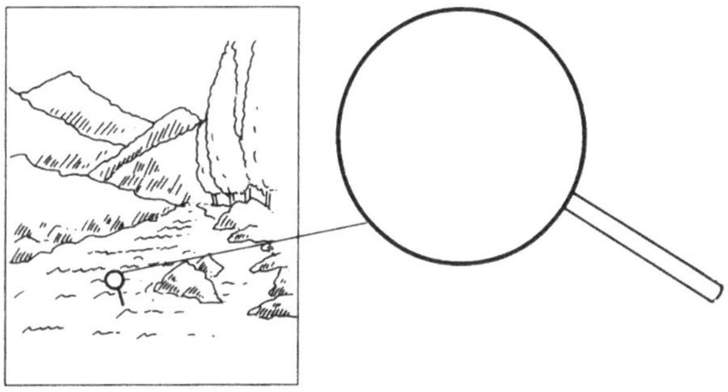

c) Lupe

a) Zustand: _____

b) Geschichte 1 ☐
            2 ☐
            3 ☐

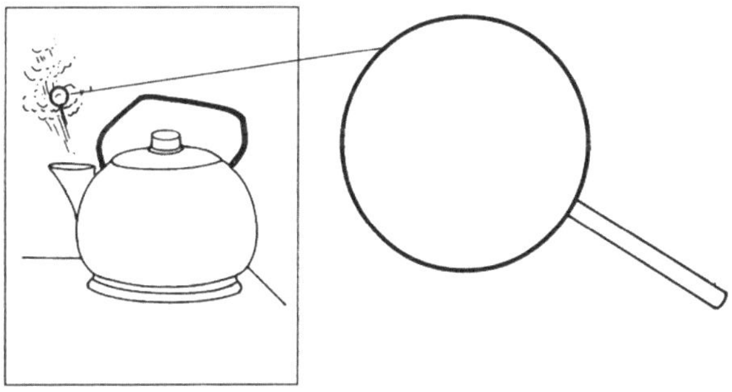

c) Lupe

○ **A2** Die Übergänge zwischen den Zuständen des Wassers werden durch die folgenden Begriffe beschrieben:
schmelzen - verdampfen - erstarren - kondensieren.
Ordne den Pfeilen die richtigen Begriffe zu.

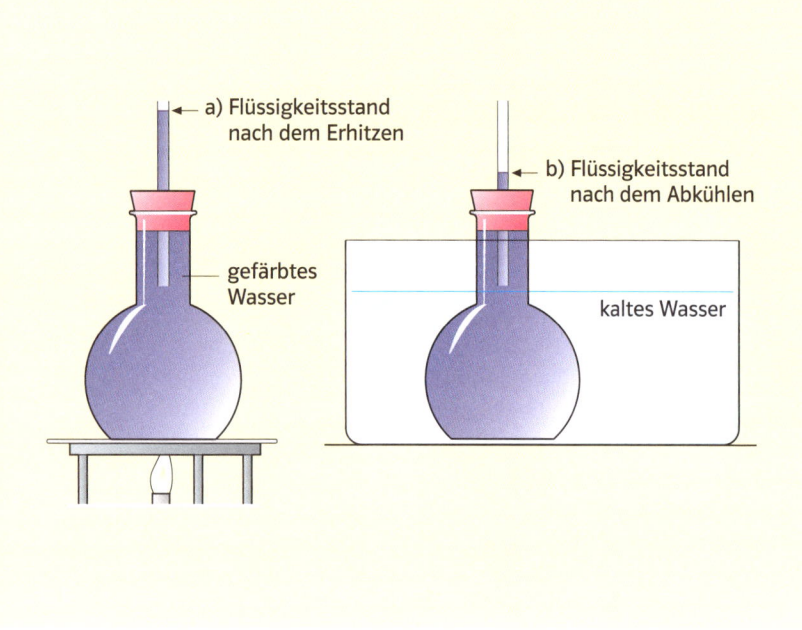

a) Flüssigkeitsstand nach dem Erhitzen

gefärbtes Wasser

b) Flüssigkeitsstand nach dem Abkühlen

kaltes Wasser

1 Ausdehnen von Wasser

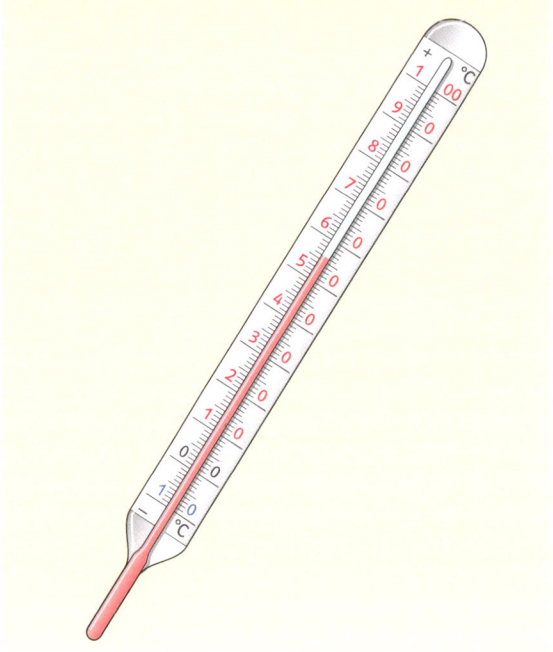

2 Thermometer

Die Ausdehnung von Flüssigkeiten

Wie ein Thermometer funktioniert

In Flüssigkeitsthermometern steht eine Flüssigkeit in einem Glasröhrchen – je nach Temperatur höher oder niedriger (▷ B 2). Flüssigkeiten dehnen sich aus, wenn sie erwärmt werden (▷ B 1). Wenn man Flüssigkeiten abkühlt, dann ziehen sie sich wieder zusammen. Die Ausdehnung verschiedener Flüssigkeiten ist unterschiedlich. Das zeigt Bild 3. (► Materie, S. 122/123)

Flüssigkeiten dehnen sich aus, wenn sie erwärmt werden. Flüssigkeiten ziehen sich zusammen, wenn sie abgekühlt werden.

AUFGABEN

1 ○ Welche zwei Flüssigkeiten aus Bild 3 dehnen sich am stärksten aus, wenn sie erwärmt werden? Nenne sie.

2 ◓ 100 Liter Benzin werden von 20 °C auf 50 °C erwärmt. Berechne, wie sich das Volumen verändert.

3 ◓ Schreibe in knappen Stichworten auf, wie ein Thermometer funktioniert.

VERSUCH

1 Führe den Versuch wie in Bild 1 durch. Markiere den Flüssigkeitsstand nach dem Erwärmen und nach dem Abkühlen. Begründe, warum Wasser als Thermometerflüssigkeit nicht geeignet ist.

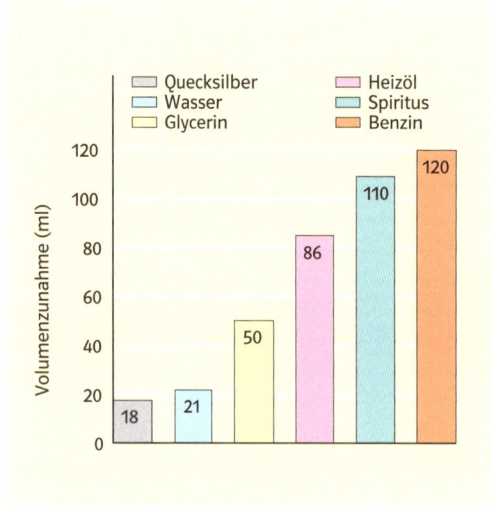

Quecksilber Wasser Glycerin Heizöl Spiritus Benzin

Volumenzunahme (ml)

18 21 50 86 110 120

3 Ausdehnung von 10 l Flüssigkeit bei einer Temperaturerhöhung um 10 K

Die Anomalie des Wassers

Ein heißer Sommertag. Peter hat großen Durst, aber die Glasflasche mit Wasser ist ihm zu warm. Damit das Wasser schnell kalt wird, legt er die Flasche in die Tiefkühltruhe. Als seine Freunde dann klingeln, um ihn zum Spielen abzuholen, ist die Wasserflasche vergessen. Am Abend ist der Ärger groß. Seine Mutter hat einen Eisklumpen und Glasscherben in der Tiefkühltruhe gefunden (▷ B 2). Wasser bildet bei den Flüssigkeiten eine Ausnahme. Es zieht sich zwar zusammen, wenn es abgekühlt wird, aber nur bis +4 °C. Bei noch stärkerer Abkühlung dehnt es sich wieder aus (▷ B 3). Das nennt man die **Anomalie des Wassers**. (▶ Materie, S. 122/123)

Ein See im Winter

Im Winter kühlt sich das Wasser in einem See ab. Weil sich Wasser bei +4 °C am stärksten zusammenzieht, nimmt es weniger Raum ein. Das Volumen nimmt ab und das Wasser sinkt auf den Boden des Sees. Wenn Wasser kälter als +4 °C wird, dehnt es sich wieder aus. Das bedeutet, das Volumen nimmt wieder zu und das Wasser steigt nach oben. Eis schwimmt also auf der Wasseroberfläche. Fische und Pflanzen können so im Winter auch in einem zugefrorenen See überleben, weil der Boden des Sees nicht zugefroren ist (▷ B 1).

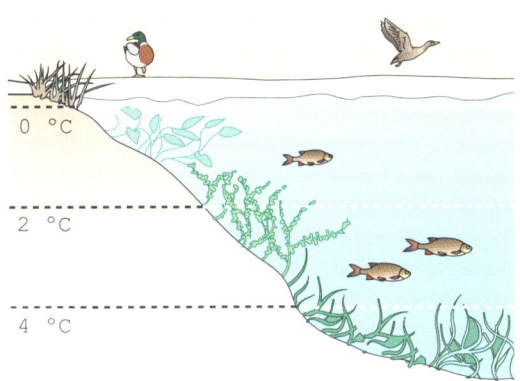

1 Temperaturschichtung im See

Bei +4 °C hat sich Wasser am stärksten zusammengezogen. Wenn Wasser stärker abgekühlt wird, dehnt es sich wieder aus. Wird Wasser zu Eis, dehnt es sich aus.

AUFGABEN

1 ○ Gib die Temperatur an, bei der sich Wasser am stärksten zusammengezogen hat.

2 ◗ Erkläre, was mit Peters Wasserflasche in der Tiefkühltruhe passiert ist.

3 ◗ Recherchiere einen weiteren Stoff, der sich in einem bestimmten Temperaturbereich bei Erwärmung zusammenzieht.

2 Im Gefrierfach vergessen

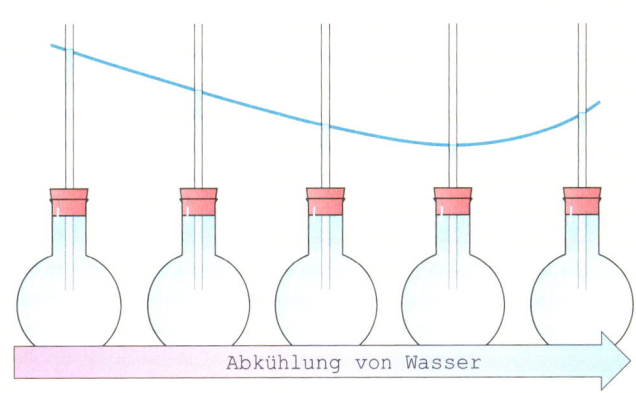
Abkühlung von Wasser

3 Wasser wird abgekühlt.

Die Ausdehnung von Flüssigkeiten

○ **A1** Verschiedene Flüssigkeiten dehnen sich unterschiedlich stark aus. In einem Physikbuch findest du dazu die untere Tabelle. Deine Physiklehrerin/dein Physiklehrer erwärmt in einer Wasserwanne diese fünf verschiedenen Flüssigkeiten. Den Versuchsaufbau siehst du im unteren Bild. Benenne mithilfe der Tabelle und der Vergleichslinien, welche Flüssigkeit sich in welchem Gefäß befindet.

Flüssigkeit	Benzin	Glycerin	Heizöl	Spiritus	Wasser
Ausdehnung von 10 l bei Erwärmung um 10 °C	120 ml	50 ml	86 ml	110 ml	21 ml

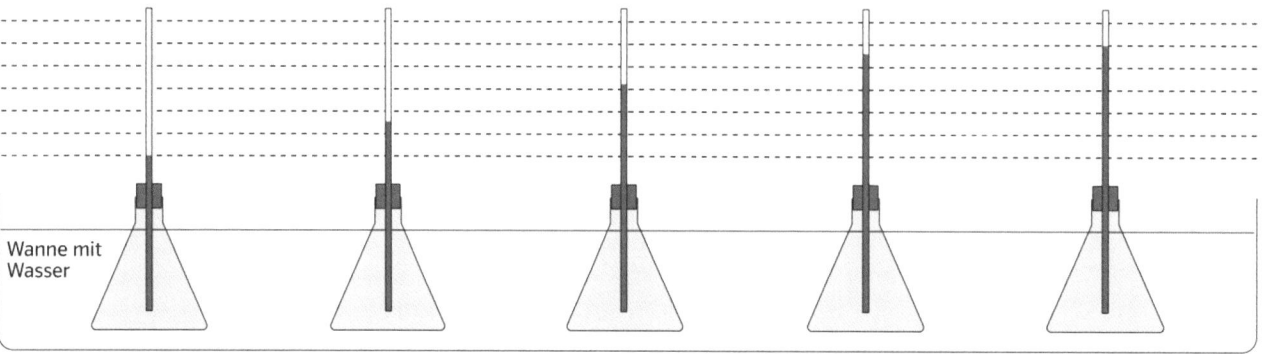

Wanne mit Wasser

---   ---   ---   ---   ---

● **A2** Schreibe den Zeitungsartikel zu Ende. Erkläre den Lesern des Zeitungsartikels, warum sie diesen Ratschlag unbedingt beachten sollten. (Tipp: Benzin ist leicht entzündlich.)

_____

_____

_____

Bei großer Hitze

Auto nicht volltanken

Köln. Bei sommerlichen Temperaturen empfehlen Experten, das Auto nicht ganz voll zu tanken. Denn an den Tankstellen wird das Benzin in Tanks bei +5 °C bis +10 °C gelagert. Wenn nun das Auto mit randvollem Tank in der Sommerhitze steht…

_____

_____

_____

Die Ausdehnung fester Körper

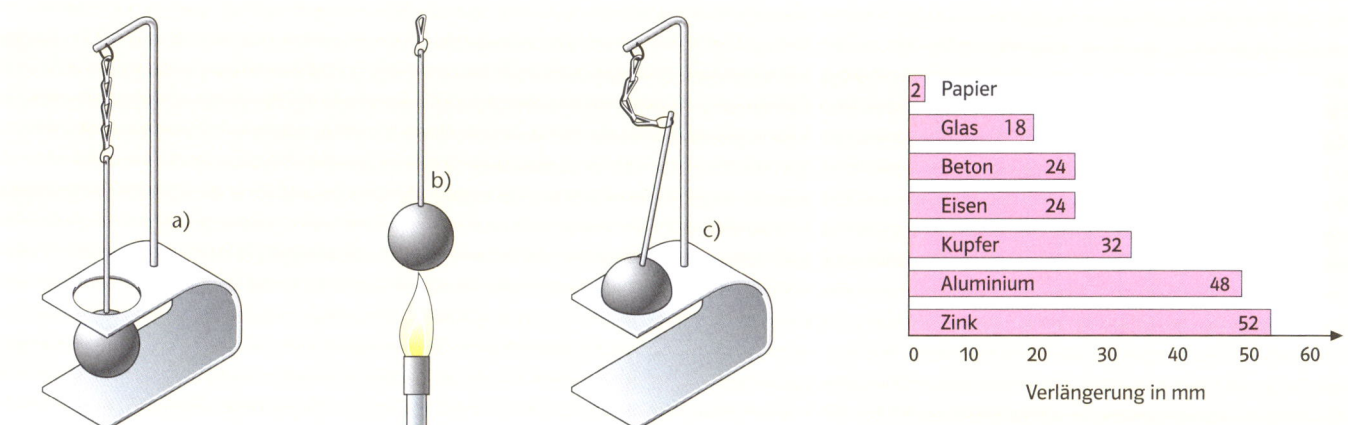

1 Eine Eisenkugel wird beim Erwärmen dicker.

2 Ausdehnung von 100-m-Stäben bei einer Temperaturerhöhung um 20 °C

Ein Radweg mit „Hindernissen"

Du bist sicherlich schon einmal mit dem Fahrrad oder dem Skateboard auf einem Weg mit Betonplatten gefahren. Das ist eine „ruckelige" Angelegenheit. Denn die Platten sind durch Spalten unterbrochen. Das hat seinen guten Grund. Denn auch feste Körper dehnen aus, wenn sie erwärmt werden (▷ B 1). Sie ziehen sich zusammen, wenn sie abgekühlt werden. Beim Bauen von Straßen, Gebäuden oder Brücken muss das beachtet werden.

Dehnungsfugen und Brücken auf Rollen

Bei Straßen und größeren Bauwerken (Brücken, Gebäuden, Mauern usw.) muss man Dehnungsfugen einbauen.

3 Brücke auf Rollen

Sonst entstehen Risse durch die veränderte Länge zwischen Sommer und Winter. Brücken liegen deshalb zusätzlich auf Rollen (▷ B 3). (► Materie, S. 122/123)

Feste Körper dehnen sich aus, wenn sie erwärmt werden. Sie ziehen sich zusammen, wenn sie abgekühlt werden.

AUFGABEN

1 ○ Beschreibe, wodurch man die Bildung von Rissen in großen Gebäuden oder auf Straßen verhindert.

2 ◑ Begründe mithilfe des Teilchenmodells, warum sich feste Stoffe beim Erwärmen ausdehnen.

3 ● Eine Brücke aus Eisen ist 300 m lang. Um wie viel Zentimeter verlängert sie sich zwischen Winter und Sommer bei einem Temperaturunterschied von 20 K? Berechne.

VERSUCH

1 Führe den Versuch wie in Bild 1 durch. Erkläre, was du beobachtest.

75

Die Ausdehnung fester Körper

A1 Feste Körper dehnen sich aus, wenn sie erwärmt werden. Sie ziehen sich zusammen, wenn sie sich abkühlen. Die Wärmeausdehnung fester Körper kannst du mit dem folgenden Versuch nachweisen (s. Bild).

Befestige eine Stricknadel aus Aluminium in einem Korken. Stecke den Korken in eine Flasche. Lege die Stricknadel auf eine Stecknadel, an der ein markierter Strohhalm befestigt ist. Diese Stecknadel liegt auf dem Korken einer anderen Flasche.

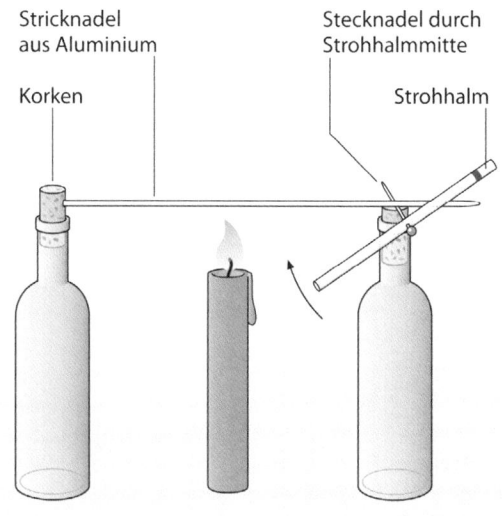

a) Vermute, was passiert, wenn du die Stricknadel mit einer Kerze erwärmst.

_____

_____

b) Vermute, was passiert, wenn die Stricknadel sich wieder abkühlt.

_____

_____

c) Führe den Versuch durch und überprüfe deine Vermutungen.

A2 Lea führt im Physikunterricht den folgenden Versuch durch. Sie will überprüfen, ob sich verschiedene Metalldrähte unterschiedlich stark ausdehnen. Sie hat einen Eisen-, einen Aluminium, und einen Kupferdraht untersucht und das Ergebnis in die folgenden drei Skizzen eingezeichnet. Beschreibe und deute das Versuchsergebnis.

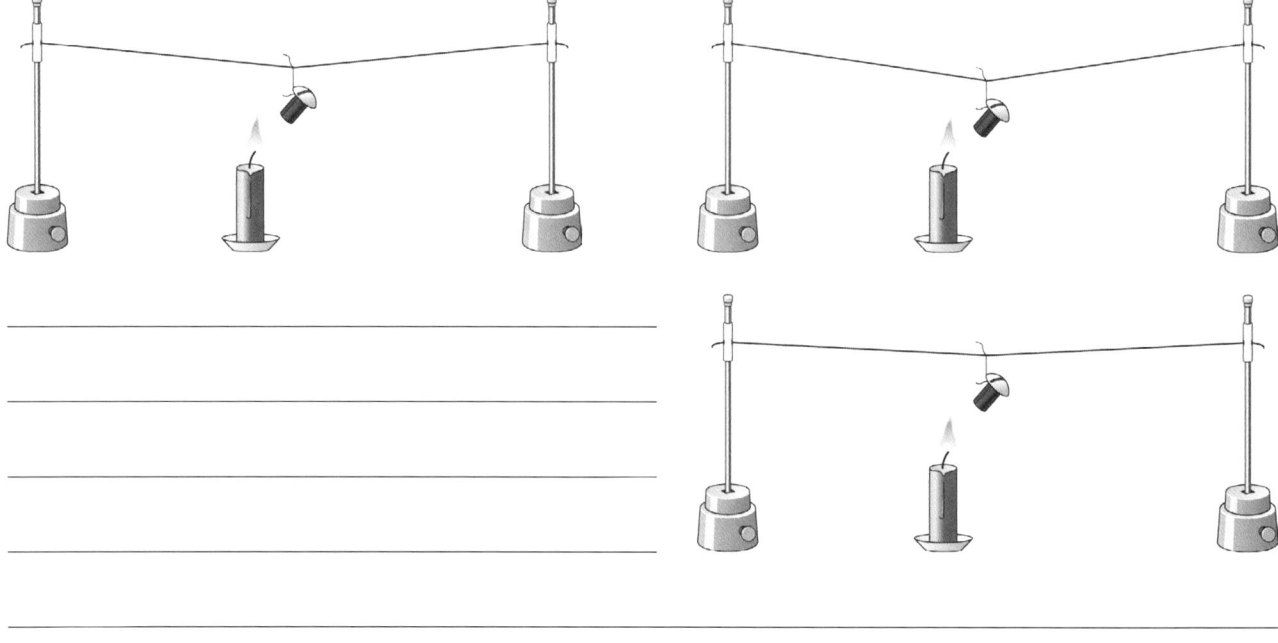

_____

_____

_____

_____

Das Bimetall

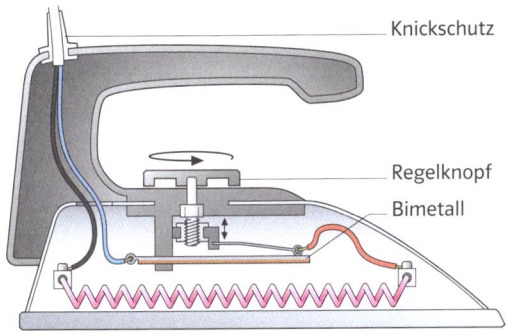

1 Ein Thermostat beim Bügeleisen

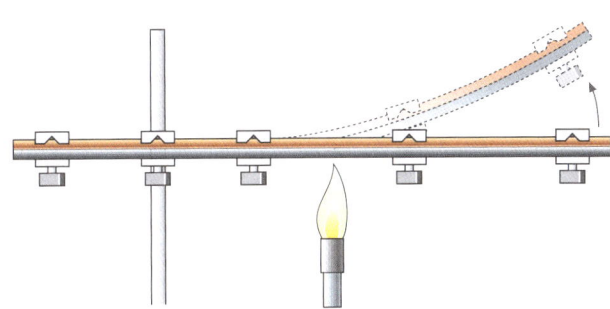

2 Ein Bimetall krümmt sich beim Erwärmen.

Temperaturen regeln

Einige Elektrogeräte schalten sich automatisch ein und aus und regeln somit die Temperatur. Das passiert z. B. beim Backofen, dem Toaster und dem Bügeleisen (▷ B 1).

Man stellt eine bestimmte Temperatur ein und das Gerät bleibt bei dieser Temperatur. Geregelt werden diese Geräte durch einen Bimetall-Schalter. Was aber ist ein Bimetall?

Der Bimetallstreifen

Ein Bimetall ist ein „Zweimetall". Es besteht aus zwei verschiedenen Metallstreifen, die fest miteinander verbunden sind. Weil sich beide Metalle bei Erwärmung

unterschiedlich stark ausdehnen, krümmt sich der Bimetallstreifen. Wenn der Bimetallstreifen in einen Stromkreis eingebaut ist wie beim Bügeleisen (▷ B 1), kann er den Stromkreis öffnen oder schließen.

AUFGABEN

1. ◔ Beschreibe mit eigenen Worten, was ein Bimetall ist. Begründe, warum sich ein Bimetallstreifen krümmt, wenn er erwärmt wird.

2. ◔ Bild 3 zeigt ein Bimetall-Thermometer. Der Zeiger ist an einer Bimetall-Spirale befestigt. Erkläre, wie dieses Thermometer funktioniert.

3. ● Beschreibe und erkläre, wie beim Bügeleisen die Temperatur automatisch geregelt wird.

VERSUCH

1. Baue den Versuchsaufbau von Bild 1 auf. Erwärme den Bimetallstreifen mal von der einen und mal von der anderen Seite. Erkläre, warum er sich immer zur gleichen Metallseite hin biegt.

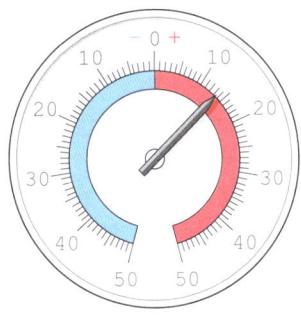

3 Zu Aufgabe 2

1 Gase ziehen sich beim Abkühlen zusammen.

Die Ausdehnung von Gasen

Eine Geburtstagsüberraschung

Nina hat im Januar Geburtstag. Damit alle Gäste der Geburtstagsfeier das Haus leichter finden, hat Nina in der warmen Wohnung bunte Luftballons aufgeblasen und dann draußen in der kalten Luft an der Haustür befestigt. Als die ersten Gäste eintreffen, wundert sich Nina über die Größe ihrer Luftballons (▷ B 1).

Gase verhalten sich bei Erwärmung und bei Abkühlung ähnlich wie feste und flüssige Körper. Sie dehnen sich aus und ziehen sich zusammen. Aber es besteht ein wichtiger Unterschied: Gase dehnen sich alle gleich stark aus und ziehen sich alle gleich stark zusammen. (► Materie, S. 122/123)

Gase dehnen sich beim Erwärmen aus und ziehen sich beim Abkühlen zusammen.

2 „Magische" Hände?

AUFGABEN

1 ○ Nenne die Gemeinsamkeiten und Unterschiede bei der Erwärmung und Abkühlung von festen Körpern und Gasen.

2 ◖ Begründe, warum die „magischen" Hände in Bild 2 im Wasser kleine Bläschen verursachen.

3 ● Plane einen Versuch, der zeigt, dass sich Gase (z. B. Luft) zusammenziehen, wenn man sie abkühlt. Führe den Versuch danach durch und präsentiere ihn deinen Mitschülern.

VERSUCHE

1 Spanne einen Luftballon über eine leere, kalte Glasflasche. Erwärme anschließend die Flasche in einem warmen Wasserbad. Beschreibe, was du dabei beobachtest.

2 Befeuchte die Öffnung einer gekühlten leeren Glasflasche mit etwas Wasser und lege ein Geldstück darauf. Erwärme die Flasche mit deinen Händen. Beobachte und erkläre, was passiert.

Zauberei mit Luft?

Ein geheimnisvoller Altar

In der Antike wurden den Göttern Opfer dargebracht, um sie gnädig zu stimmen. Die Menschen hofften, dass ihr Opfer angenommen würde, und warteten auf ein Zeichen der Götter. Eine Legende erzählt von einem besonderen Altar, bei dem ein solches deutliches Zeichen immer folgte. Aus den Trinkgefäßen zweier Statuen, die neben dem Altar standen, floss Wein, wenn die Götter das Opfer angenommen hatten.

Ein geheimnisvolles Thermometer

Vor mehr als 350 Jahren lebte in Magdeburg der Ratsherr und Physiker OTTO VON GUERICKE. In seinem Haus hatte er zum Erstaunen der Besucher einen Temperaturanzeiger aufgehängt. Dieser reichte vom Boden bis zur Decke. Der obere Teil des Geräts bestand aus einer großen Hohlkugel, die mit Luft gefüllt war. Außen am Thermometer hing an einer Schnur ein Engel, der mit ausgestrecktem Arm auf die Temperaturanzeige zeigte. In dem langen gebogenen Rohr befand sich Alkohol. Auf dem Alkohol befand sich ein Schwimmer, der über ein Seil und eine Rolle mit dem Engel verbunden war.

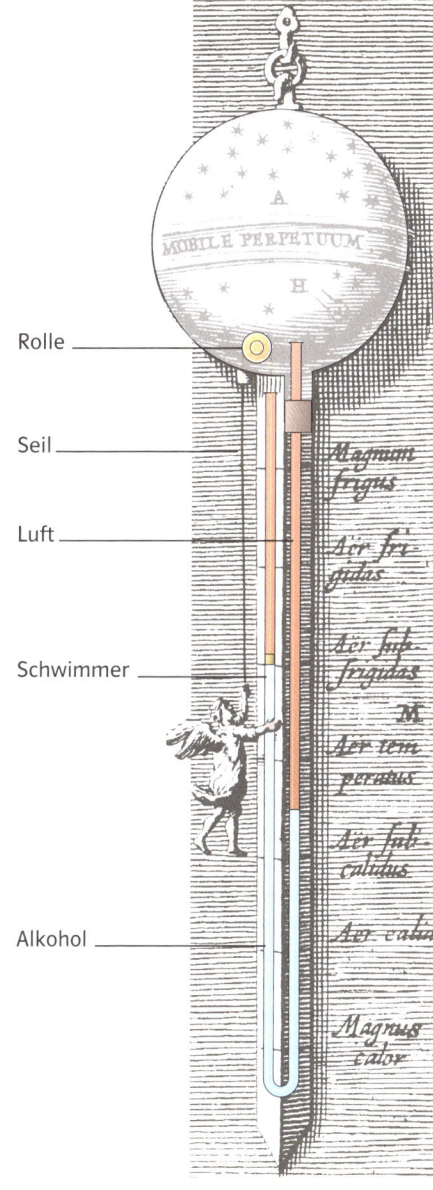

2 Das Magdeburger Thermometer

Rolle

Seil — Magnum frigus (große Kälte)

Luft — Aër frigidas (kalte Luft)

Aër subfrigidas (kühle Luft)

Schwimmer — Aër temperatus (erwärmte Luft)

Aër subcalidus (milde Luft)

Alkohol — Aër calidus (warme Luft)

Magnus calor (große Wärme)

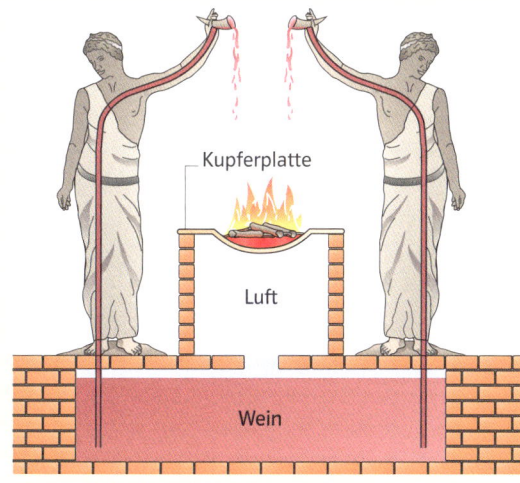

Kupferplatte

Luft

Wein

1 Ein geheimnisvoller Altar

AUFGABEN

1 ◗ Beschreibe und erkläre mit eigenen Worten, wie der geheimnisvolle Altar funktionierte (▷ B1).

2 ● Erkläre, wie das Thermometer von OTTO VON GUERICKE funktioniert.

1 Wärme wird zugeführt.

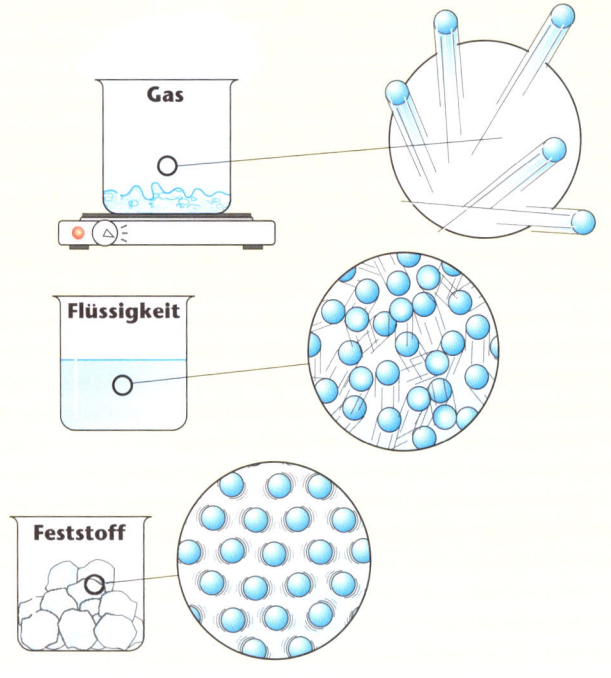

2 Temperatur und Aggregatzustand

Berechnung von Temperaturen

Temperatur und Teilchenbewegung
Wenn man einem Körper Energie in Form von Wärme zuführt, dann kann sich die Bewegung der Teilchen verstärken (▷ B 1). Das macht sich durch eine Temperaturänderung bemerkbar.

Der absolute Nullpunkt
Kühlt man einen Körper ab, nimmt die Bewegung seiner Teilchen ab. Kühlt man ihn weiter ab, kommen die Teilchen schließlich zur Ruhe. Da es keine tiefere Temperatur geben kann, bezeichnet man sie als **absoluten Nullpunkt der Temperatur**. Der Physiker LORD KELVIN (1824–1907) wählte sie als Nullpunkt für seine Temperaturskala, die Kelvinskala. Eine Temperatur von 0 K entspricht –273,15 °C.

Temperatur-Differenzen
Wird z. B. ein Körper erwärmt, dann steigt seine Temperatur an. Kühlt er sich ab, dann sinkt seine Temperatur. In diesem Zusammenhang ist es manchmal notwendig anzugeben, um welchen Wert sich die Temperatur geändert hat. Solche

Temperatur-Differenzen werden immer in Kelvin angegeben. Ändert sich beispielsweise die Temperatur von 20 °C auf 80 °C beträgt die Temperaturdifferenz 60 K.

Die Temperatur, bei der die Teilchen eines Körpers in Ruhe sind, bezeichnet man als absoluten Nullpunkt der Temperatur (0 K). Er liegt bei –273,15 °C.
Temperaturdifferenzen werden immer in Kelvin angegeben.

AUFGABEN

1 ○ Gib an, was man unter dem Begriff „Absoluter Nullpunkt" versteht.

2 ◔ a) Ordne folgende Temperaturen beginnend bei der kleinsten Temperatur: 25 °C, –8 °C, 100 °C, 1 °C, 78 °C, 300 °C
◔ b) Gib jeweils die Temperaturdifferenzen an.

3 ● Informiere dich über den Wissenschaftler LORD KELVIN und verfasse über ihn ein kurzes Referat.

Geysire

Hitze aus dem Erdinnern

Geysire kommen in großer Zahl auf Island vor. Die Bezeichnung Geysir stammt auch aus Island und bedeutet „wild strömend". Geysire kommen in direkter Nachbarschaft zu Vulkanen vor. Geysire haben einen unterirdischen mit Wasser gefüllten Hohlraum, von dem ein enger Kanal zur Erdoberfläche führt. Das Wasser wird durch heißes Gestein in der Nähe einer Magmakammer auf bis zu 170 °C erhitzt und ist trotzdem noch flüssig. Wie ist das möglich?

„Explodierendes" Wasser

Die Wassersäule zur Erdoberfläche übt einen starken Druck aus. Dadurch wird die Siedetemperatur des Wassers erheblich erhöht. Das heiße Wasser im Kanal steigt langsam auf und fließt aus der Kanalöffnung des Geysirs. Dadurch nimmt der Druck der Wassersäule auf das Wasser in der Tiefe ab. Das Wasser in dem Hohlraum beginnt fast explosionsartig zu sieden. Der Geysir „entlädt" sich schlagartig. Heißes Wasser und Wasserdampf werden in große Höhen geschleudert. Dann fließt von oben wieder kühleres Wasser ins Erdinnere und der Vorgang beginnt von Neuem.

AUFGABEN

1 ⬤ Erkläre, warum das Wasser im Erdinnern auch bei ca. 170 °C noch nicht siedet.

2 ⬤ Schreibe in kurzen Sätzen auf, wie ein Geysir funktioniert.

3 ⬤ Recherchiere im Internet, in welchen Zeiträumen sich Geysire entladen, wovon die Zeiten abhängen und wie hoch die Fontänen von Geysiren sein können. Trage die Ergebnisse der Klasse vor.

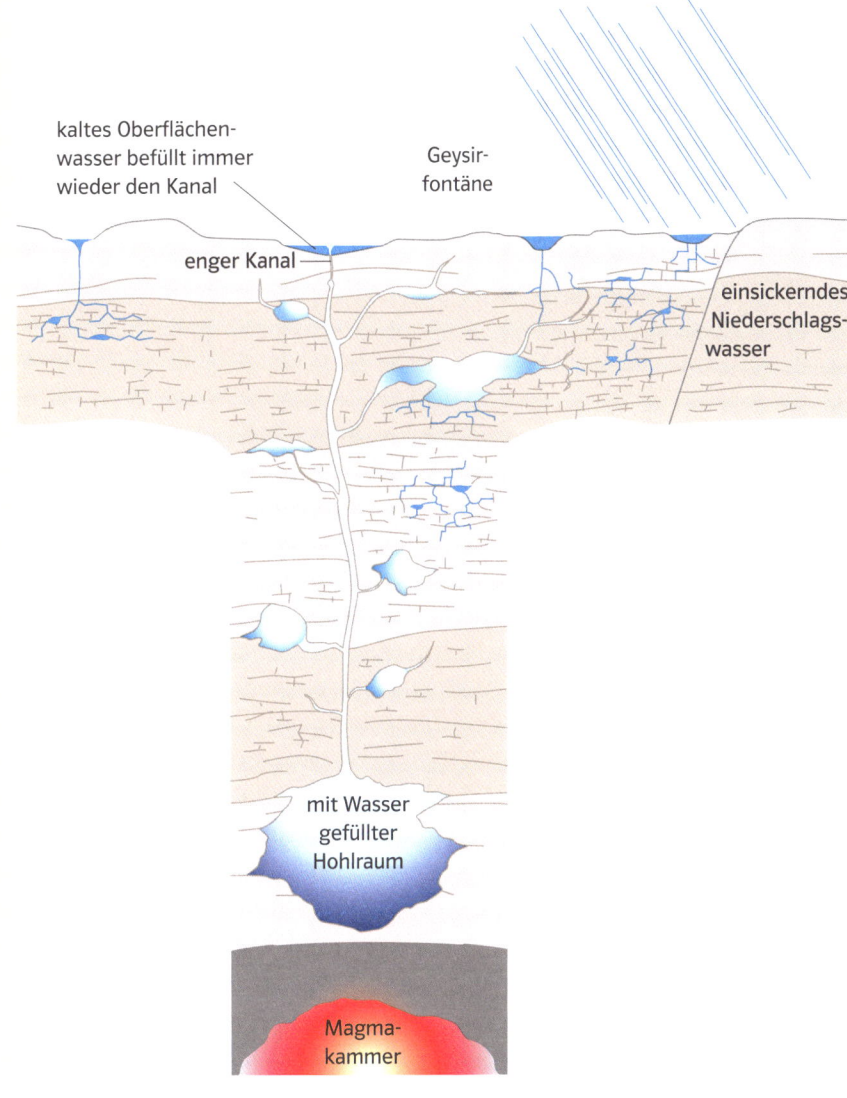

kaltes Oberflächenwasser befüllt immer wieder den Kanal

Geysirfontäne

enger Kanal

einsickerndes Niederschlagswasser

mit Wasser gefüllter Hohlraum

Magmakammer

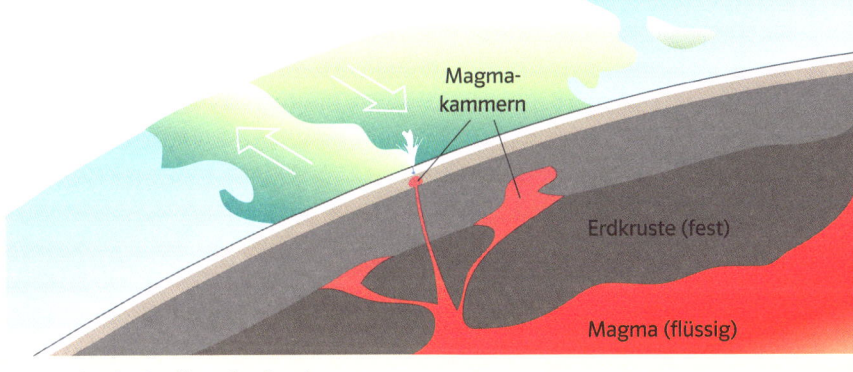

Magmakammern

Erdkruste (fest)

Magma (flüssig)

1 Eine heiße Quelle – der Geysir

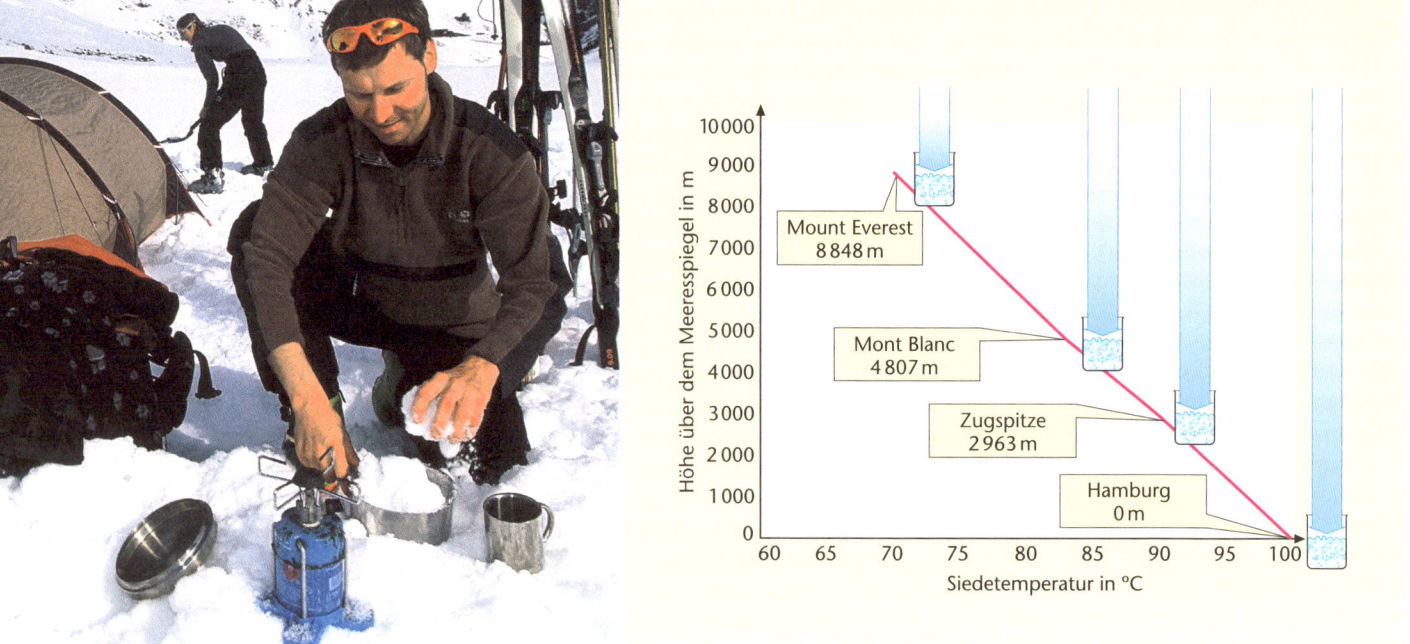

1 Auf einem Berggipfel siedet das Wasser bereits bei Temperaturen unter 100 °C.

2 Abhängigkeit der Siedetemperatur von der Höhe

Siedetemperatur und Druck

Wasser kochen auf dem Gipfel

Eine Bergsteigergruppe am Mont-Blanc kocht sich unterhalb des Gipfels bei einer Rast einen Tee. Der Mont-Blanc ist mit einer Höhe von 4 807 m der höchste Berg Europas. Das Wasser siedet dort bereits bei einer Temperatur von 85 °C (▷ B 2). Wie ist das möglich?

Siedetemperatur und Luftdruck

Die Siedetemperatur von Wasser liegt bei 100 °C. Das stimmt allerdings nur mit einer Einschränkung: Die Siedetemperatur ist vom Luftdruck abhängig. Die 100 °C werden als Siedetemperatur nur bei einem Luftdruck von 1013 hPa (Hektopascal) erreicht. Das ist der durchschnittliche Luftdruck auf Höhe des Meeresspiegels, der als **Normaldruck** bezeichnet wird.

Die Siedetemperatur verändert sich mit dem Luftdruck. Mit sinkendem Luftdruck nimmt die Siedetemperatur ab (▷ B 2), mit steigendem Luftdruck nimmt sie zu. Da der Luftdruck mit zunehmender Höhe abnimmt, siedet das Wasser der Bersteiger bereits bei Temperaturen deutlich unter 100 °C.

Die Siedetemperatur ist abhängig vom Luftdruck. Je höher der Druck, desto höher ist die Siedetemperatur und umgekehrt.

AUFGABEN

1 ○ Beschreibe den Zusammenhang zwischen Siedetemperatur und Druck.

2 ◓ In einem Erzbergwerk-Stollen in ca. 1 000 m Tiefe wird Tee gekocht. Stelle Vermutungen über die Siedetemperatur von Wasser an und begründe.

3 ● Erkundige dich, was ein Dampfkochtopf ist. Erkläre, warum die Speisen beim Kochen in diesem Topf schneller gar sind.

VERSUCH

1^L In einem Becherglas wird Wasser auf ca. 80 °C erhitzt. Das Becherglas wird unter eine Glocke mit Absaugpumpe gestellt. Die Luft wird aus der Glocke gepumpt. Beobachte und erkläre.

Berufe im Bereich Wärmetechnik

Berufe im Bereich Wärmetechnik

Wir drehen den Hahn auf, das Wasser läuft ganz selbstverständlich. Ob Neubau, Renovierung oder Moderisierung eines Hauses, hier sind die meisten Menschen auf kompetente Handwerker angewiesen. Vor nicht allzu langer Zeit bezeichnete man diese noch als Klempner oder Installateure.

Die Technik in den Bereichen Wärmeversorgung im Haus, Badgestaltung und Klimatechnik wird ständig fortentwickelt. Aus diesem Grund sind die Anforderungen in diesem Berufsfeld enorm gestiegen.

Anlagenmechaniker/in für Sanitär-, Heizungs- und Klimatechnik

Heute sprechen wir beispielsweise vom Beruf **Anlagenmechaniker/in für Sanitär-, Heizungs- und Klimatechnik**.
Sie übernehmen Tätigkeiten, die bei der Montage und Instandhaltung von vielfältigen Anlagen und Systemen in der Versorgungstechnik anfallen:

1. Montage und Anschluss von sanitären Einrichtungen

2. Montieren und Demontieren von Versorgungsleitungen in und am Haus

3. Installation, Planung, Prüfung und Inbetriebnahme von Heizungsanlagen

Die Ausbildung zum/zur Anlagenmechaniker/in dauert 3,5 Jahre. Währenddessen kann man sich in den Bereichen Wassertechnik, Lufttechnik, Wärmetechnik und Umwelttechnik/erneuerbare Energien spezialisieren. Am Ende des 2. Ausbildungsjahres erfolgt eine Zwischenprüfung, die Gesellenprüfung findet in der Mitte des 4. Ausbildungsjahres durch die IHK statt. Mit einem erfolgreichen Abschluss kann man im Handwerk oder in der Industrie eingesetzt werden.

1 Anlagenmechaniker für Sanitär-, Heizungs- und Klimatechnik

Thermometermacher/in

Ein eher unbekannter Ausbildungsberuf im Bereich der Wärmetechnik ist der/die **Thermometermacher/in.**
Er wird in zwei Fachrichtungen angeboten:
a) Thermometerblasen
b) Thermometerjustieren

In der Wärmetechnik gibt es z. B. die Berufe: Anlagenmechaniker/in für Sanitär-, Heizungs- und Klimatechnik, Thermometermacher/in.

AUFGABEN

1 ○ Nenne die Bereiche, in denen Anlagenmechaniker/innen im Bereich Wärmetechnik arbeiten können.

2 ◒ Beschreibe das Tätigkeitsfeld der Anlagenmechaniker/innen.

3 ● Informiere dich auf den Seiten der Bundesagentur für Arbeit über Voraussetzungen und Anforderungen, die man für den Beruf des Thermometermachers benötigt bzw. erfüllen muss. Präsentiere deine Ergebnisse.

Zusammenfassung

Temperatur und Thermometer

Die Temperaturen werden mit dem Thermometer gemessen. Für unseren täglichen Gebrauch benutzen wir Thermometer mit der Celsius-Skala. Außerdem gibt es noch die Fahrenheit-Skala und die Kelvin-Skala. Temperaturen kann man in einer Zeichnung (Grafik) darstellen. Die einzelnen Messwerte können zu einer Temperaturkurve verbunden werden.

Schmelzen, Verdampfen, Kondensieren

Stoffe können in drei Zustandsformen existieren: fest, flüssig oder gasförmig. Man nennt sie Aggregatzustände. Diese sind von der Temperatur der jeweiligen Stoffe abhängig. Wird ein Feststoff durch Wärmezufuhr flüssig, nennt man diesen Vorgang schmelzen. Beim Verdampfen

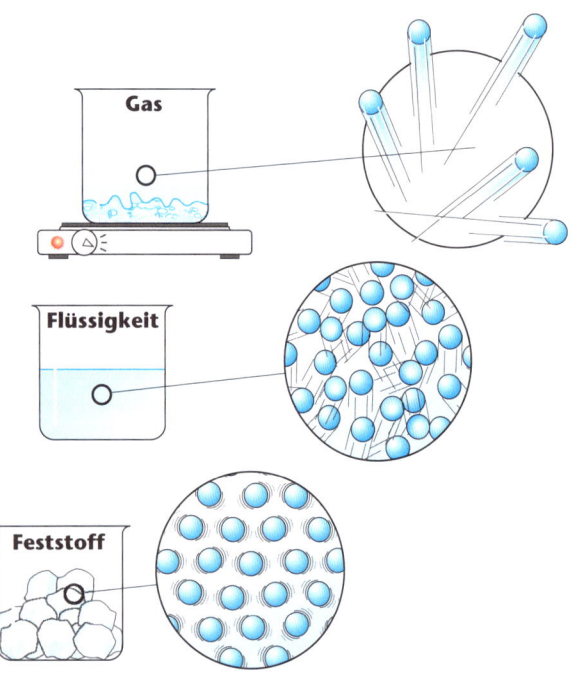

1 Temperatur und Aggregatzustand

geht eine Flüssigkeit in den gasförmigen Zustand über. Wird Wärme entzogen, wird ein Gas wieder flüssig, es kondensiert. Beim Erstarren geht eine Flüssigkeit in den festen Zustand über.

Ausdehnung von Körpern

Feste, flüssige und gasförmige Körper dehnen sich aus, wenn sie erwärmt werden. Sie ziehen sich wieder zusammen, wenn sie abgekühlt werden. Feste und flüssige Körper dehnen sich je nach Stoff unterschiedlich aus. Alle Gase dehnen sich beim Erwärmen gleichmäßig aus.

Berechnung von Temperaturen

Temperaturunterschiede und Temperaturänderungen werden immer in Kelvin (K) angegeben. Der absolute Nullpunkt (0 K) beträgt −273,15 °C und ist die niedrigste Temperatur, die möglich ist.

Siedetemperatur und Druck

In unterschiedlichen Höhen herrscht ein unterschiedlicher Luftdruck. Der Luftdruck nimmt mit der Höhe ab. Bei Unterdruck liegt die Siedetemperatur von Wasser unter 100 °C, bei Überdruck liegt sie über 100 °C.

Teilchenmodell

Alle Stoffe bestehen aus kleinsten Teilchen. Aus diesem Grund kann man die Änderung der Aggregatzustände mit dem Teilchenmodell erklären. In festen Stoffen halten starke Anziehungskräfte die Teilchen auf ihren Plätzen. Wenn Wärme zugeführt wird, bewegen sich die Teilchen schneller. Die Anziehungskräfte werden schwächer und die Teilchen gegeneinander verschiebbar. In gasförmigen Stoffen wirken kaum noch Anziehungskräfte.

1 ○ Benenne, was die Buchstaben „C", „F" und „K" auf den Temperatur-Skalen bedeuten.

👍 Super! ❓ ► S. 66/67

2 ○ Zähle die Aggregatzustände auf.

👍 Super! ❓ ► S. 68/69

3 ○ Nenne die Temperatur, bei der sich Wasser, wenn es weiter abgekühlt wird, wieder ausdehnt.

👍 Super! ❓ ► S. 73

4 ○ Formuliere in einem Satz, was mit festen Körpern passiert, wenn sie erwärmt bzw. abgekühlt werden.

👍 Super! ❓ ► S. 75

5 ○ Nenne die Temperatur, die man als absoluten Nullpunkt bezeichnet.

👍 Super! ❓ ► S. 80

6 ◔ Erkläre, warum der Temperatursinn für uns Menschen ein wichtiger Schutz ist.

👍 Super! ❓ ► S. 66/67

7 ◔ Beschreibe die Funktionsweise eines Flüssigkeitsthermometers.

👍 Super! ❓ ► S. 72

8 ◔ Begründe, warum Brücken auf Rollen liegen.

👍 Super! ❓ ► S. 75

9 ◔ Erläutere den Zusammenhang zwischen Siedetemperatur und Druck.

👍 Super! ❓ ► S. 82

10 ● Vergleiche die Temperaturskalen von Celsius, Kelvin und Fahrenheit.

👍 Super! ❓ ► S. 66

11 ● Beschreibe die Änderungen der Aggregatzustände beim Leuchten einer Kerze.

👍 Super! ❓ ► S. 68/69

12 ● Erkläre die Entstehung der Aggregatzustände mithilfe des Teilchenmodells.

👍 Super! ❓ ► S. 68/69

13 ● Recherchiere und beschreibe, wie ein Ausdehnungsgefäß einer Heizungsanlage funktioniert.

👍 Super! ❓ ► S. 72

► Musterlösungen auf den Seiten 131–132

4 Bewegung und Wechselwirkung

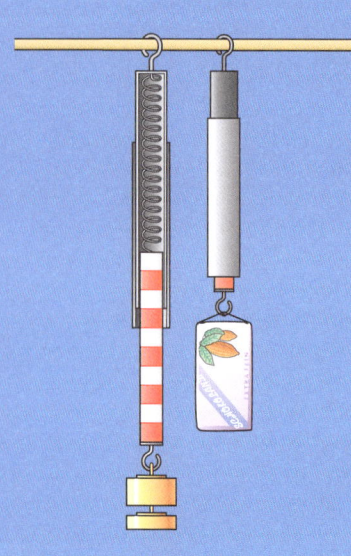

- Welche unterschiedlichen Bewegungen führen Fahrzeuge aus?

- Wie können Geschwindigkeiten gemessen werden?

- Was ist eine Beschleunigung?

- Woran erkennt man Kräfte?

- Wie werden Kräfte gemessen?

1 Ein Flugzeug beim Start

Was ist Bewegung?

Viele unterschiedliche Bewegungen

Eine Achterbahnfahrt ist ein tolles Erlebnis (▷ B 3). Hast du in einem Wagen Platz genommen, wird er mit einer Kette gleichmäßig nach oben gezogen. Am höchsten Punkt der Achterbahn geht es steil nach unten: Der Wagen wird immer schneller. In Kurven wirst du nach außen gedrückt und bei einem Looping in den Sitz gepresst. Am Ende der Fahrt muss der Wagen abgebremst werden, damit er zum Stehen kommt.

Vergleichst du die Achterbahnfahrt mit der Fahrt eines Rennautos, so kannst du Gemeinsamkeiten der beiden Bewegungen erkennen: Es verändern sich die **Richtung** und die **Geschwindigkeit** der **Bewegung**.

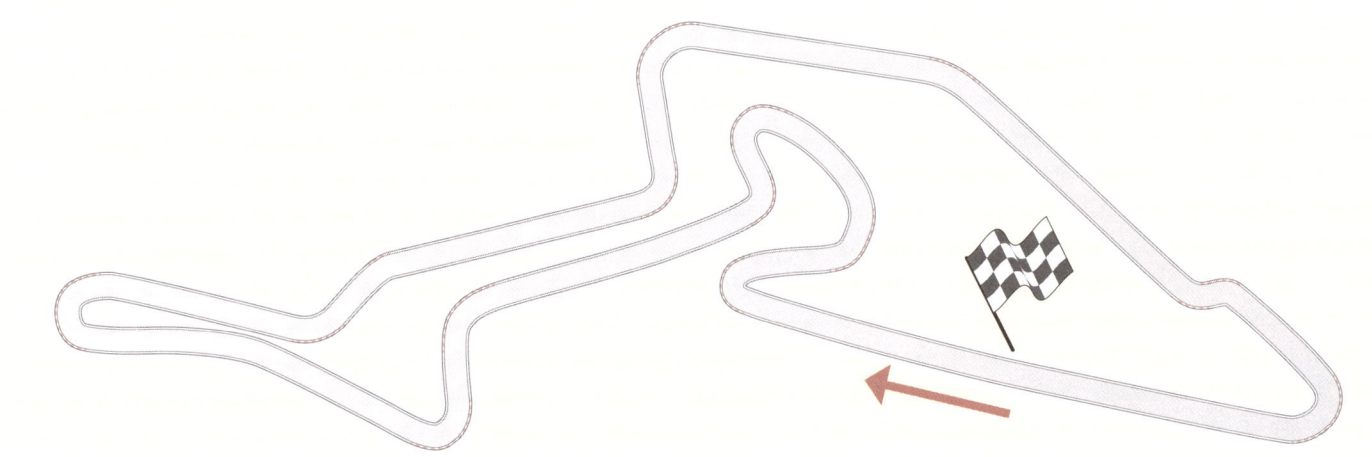

2 Die Forme-1-Rennstrecke auf dem Nürburgring

Die Richtung der Bewegung

Fährt der Wagen in eine Kurve, ändert sich seine Fahrtrichtung. Die Richtung der Bewegung hat sich verändert. Auch bei einem Looping verändert sich ständig die Bewegungsrichtung.

Die Geschwindigkeit

Bei einer Achterbahnfahrt ändert sich aber nicht nur die Fahrtrichtung. Auch die Geschwindigkeit des Wagens verändert sich: Nach dem Start wird der Wagen mit kleiner Geschwindigkeit nach oben gezogen. Abwärts wird der Wagen jedoch immer schneller. Die Geschwindigkeit wird größer. Fährst du mit dem Wagen wieder nach oben, wird der Wagen langsamer. Die Geschwindigkeit wird kleiner.

Auf einem ebenen Stück ändert sich die Geschwindigkeit des Wagens nicht. Die Geschwindigkeit bleibt gleich.

Auf der Rennstrecke

In Zweierreihen stehen die Formel-1-Rennwagen am Start. Gespannt sehen die Rennfahrer auf die Startampel. Bei Grün geht es los. Die Rennwagen werden beschleunigt, die Geschwindigkeit wird größer. Dies ist eine **beschleunigte Bewegung**. Aber vor der ersten Kurve müssen die Fahrer den Rennwagen abbremsen.
Die Geschwindigkeit wird kleiner. Die Rennwagen führen eine **verzögerte Bewegung** aus. In der Kurve verändert sich die Richtung der Bewegung. Danach folgt oft eine gerade Strecke, auf der die Fahrer den Rennwagen wieder beschleunigen. Höchstgeschwindigkeiten von ungefähr 350 km/h können auf geraden Streckenabschnitten erreicht werden. Wenn auf einem geraden Streckenabschnitt die Geschwindigkeit der Rennwagen gleich bleibt, dann führen sie eine **gleichförmige Bewegung** aus.

Die Rennstrecke zwingt die Fahrer, ständig abzubremsen und in die Kurve zu fahren. Beschleunigte Bewegungen, verzögerte Bewegungen, **Kurvenfahrten** und Strecken-

3 Achterbahn

abschnitte mit gleichförmiger Bewegung wechseln sich auf einer Rennstrecke ständig ab.

Bei einer gleichförmigen Bewegung hat ein Körper immer die gleiche Geschwindigkeit.
Bei einer Kurvenfahrt ändert sich die Richtung der Bewegung.
Bei einer beschleunigten Bewegung wird ein Körper immer schneller.
Bei einer verzögerten Bewegung wird ein Körper immer langsamer.

AUFGABEN

1   ○   Nenne die Begriffe im Text, mit denen du Bewegungen beschreiben kannst.

2   ○   Beschreibe die Bewegung bei einer Achterbahnfahrt. Benutze die Begriffe Richtung und Geschwindigkeit.

3   ○   a) Nenne fünf Beispiele für Bewegungen aus deinem Alltag.
    ◓   b) Ordne deine Beispiele nach der Bewegungsart.

4   ◓   Im Bild 2 siehst du den Verlauf einer Rennstrecke. Beschreibe die Bewegungsarten eines Rennwagens ab dem Start.

5   ●   Ein Flugzeug bringt Urlaubsgäste an ihren Ferienort. Beschreibe, welche Bewegung das Flugzeug vom Start (▷ B 1) bis zur Landung ausführt.

Begriffe rund um die Bewegung

A1 Fülle das Kreuworträtsel aus.

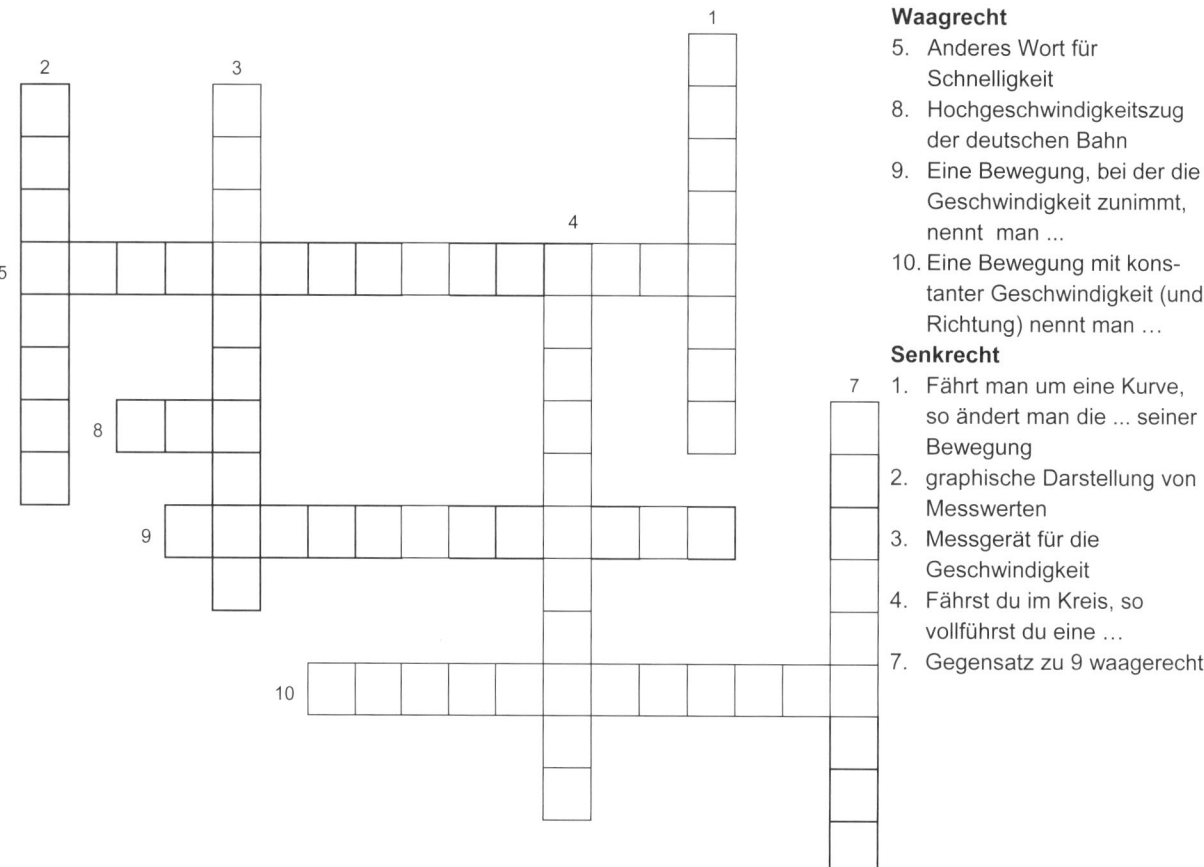

Waagrecht

5. Anderes Wort für Schnelligkeit
8. Hochgeschwindigkeitszug der deutschen Bahn
9. Eine Bewegung, bei der die Geschwindigkeit zunimmt, nennt man ...
10. Eine Bewegung mit konstanter Geschwindigkeit (und Richtung) nennt man ...

Senkrecht

1. Fährt man um eine Kurve, so ändert man die ... seiner Bewegung
2. graphische Darstellung von Messwerten
3. Messgerät für die Geschwindigkeit
4. Fährst du im Kreis, so vollführst du eine ...
7. Gegensatz zu 9 waagerecht

A2 Ergänze die Tabelle:

Bewegungsart	Beispiel

A3 Ein Wagen verliert nach jeder Sekunde einen Tropfen Öl. Auf der Straße siehst du die hier abgebildete Ölspur. (Fahrtrichtung nach rechts)

Wenn du genau hinsiehst, erkennst du zwei unterschiedliche Bewegungsarten des Wagens.
a) Markiere den Tropfen, bei dem sich die Bewegungsart ändert.
b) Beschreibe, woran du den Wechsel der Bewegungsart erkennst.

Die Geschwindigkeit

Wer war schneller?

Sonja lief im Sportunterricht 75 Meter in 12 s. Lisa hat beim 100-Meter-Lauf eine Zeit von 17 s benötigt. Nun möchte Sonja ihre Geschwindigkeit mit ihrer älteren Schwester Lisa vergleichen. Ein direkter Vergleich zwischen Sonja und Lisa ist schwierig. Beide sind unterschiedlich lange Strecken gelaufen und haben unterschiedliche Zeiten dafür gebraucht.

Berechnung der Geschwindigkeit

Die Geschwindigkeit ist der Quotient aus der Strecke und der Zeit. Das Formelzeichen für die Geschwindigkeit ist *v*.

$$\text{Geschwindigkeit} = \frac{\text{Strecke}}{\text{Zeit}}$$

$$v = \frac{s}{t}$$

Die Geschwindigkeit wird in m/s (lies: Meter pro Sekunde) angegeben.

Eine andere Einheit für die Geschwindigkeit kennst du von Autos. Dort wird km/h (lies: Kilometer pro Stunde) verwendet. 1 m/s sind 3,6 km/h.

Die Geschwindigkeit ist der Quotient aus der Strecke und der Zeit.
Die Einheit der Geschwindigkeit ist m/s oder km/h.

1 Wer läuft am schnellsten?

Rechenbeispiel: Wer war schneller, Sonja oder Lisa?

Sonja: Gegeben: $s = 75\,m$ und $t = 12\,s$
Gesucht: v

$$v = \frac{s}{t}$$

$$v = \frac{75\,m}{12\,s}$$

$$v = 6{,}25\,\frac{m}{s}$$

Sonjas Geschwindigkeit betrug also 6,25 Meter pro Sekunde.

Lisa: Gegeben: $s = 100\,m$ und $t = 17\,s$
Gesucht: v

$$v = \frac{s}{t}$$

$$v = \frac{100\,m}{17\,s}$$

$$v = 5{,}88\,\frac{m}{s}$$

Lisas Geschwindigkeit betrug also 5,88 m/s.
Sonja war somit schneller als ihre Schwester Lisa.

2 Wer war schneller?

AUFGABEN

1 ○ Auf der Jagd legt ein Gepard eine Strecke von 60 m in einer Zeit von nur 2 s zurück. Berechne seine Geschwindigkeit.

2 ◑ Sabine kommt mit dem Fahrrad zur Schule. Für die Strecke von 6 km benötigt sie 30 min. Berechne ihre Geschwindigkeit.

3 ● Ein E-Bike fährt mit einer Höchstgeschwindigkeit von 25 km/h. Berechne die Strecke, die mit dem E-Bike in einer Minute zurückgelegt wird.

1 ICE

Die gleichförmige Bewegung

Momentangeschwindigkeit

Für die Fahrgäste im ICE saust die Land-
schaft an dem Fenster vorbei (▷ B 1). Mit
Höchstgeschwindigkeit fährt der ICE auf
der Schnellbahnstrecke.
Eine Informationstafel zeigt den Fahrgäs-
ten die Geschwindigkeit an, die der Zug im
Moment hat. Diese Geschwindigkeit wird
Momentangeschwindigkeit genannt.

Durchschnittsgeschwindigkeit

Auf der Zugstrecke kann der ICE aber
nicht immer mit seiner Höchstgeschwindigkeit fahren. Bei einer Baustelle z. B.
muss er mit einer geringeren Geschwindigkeit fahren. Für eine Bewegung mit
unterschiedlichen Geschwindigkeiten
lässt sich eine durchschnittliche Geschwindigkeit berechnen. Sie ist gleich dem
Quotienten der gesamten zurückgelegten
Strecke und der dafür benötigten Zeit.
Man bezeichnet diese Geschwindigkeit als
Durchschnittsgeschwindigkeit.

Gleichförmige Bewegung

Mit einer Modelleisenbahn untersuchen
wir die gleichförmige Bewegung genauer.
In Bild 3 siehst du den Versuchsaufbau.
Auf einer geraden Strecke fährt eine
Modelleisenbahn mit gleichbleibender
Geschwindigkeit. Nach jeweils gleichblei-
benden Zeitabschnitten wird der zurück-
gelegte Weg gemessen (▷ B 2).

Nach der doppelten, dreifachen ... Zeit legt
der Zug auch den doppelten, dreifachen...

t in s	s in m
0	0
1,5	2,25
3	4,5
4,5	6,75
6	9

2 Zeit-Weg-Tabelle

3 Modelleisenbahn

4 Zeit-Weg-Diagramm

Weg zurück. Die Zeit und der Weg verhalten sich bei einer gleichförmigen Bewegung proportional zueinander.

Das Zeit-Weg-Diagramm

Die Bewegung der Modelleisenbahn kann auch zeichnerisch dargestellt werden. Dazu werden die Messwerte aus der Tabelle in Bild 2 in ein Zeit-Weg-Diagramm übertragen (▷ B 4). Auf der waagerechten Achse des Diagramms wird die Zeit und auf der senkrechten Achse der Weg eingetragen. Verbindest du die eingetragenen Punkte miteinander, so erhältst du eine ansteigende Gerade (▷ B 4). Ein weiterer Zug fährt ebenfalls gleichförmig. Er legt in 1,5 s z. B. 3 m zurück. Dann legt er in 3 s 9 m zurück. Würde man diese und weitere Werte in das Diagramm in Bild 4 eintragen, so würde man ebenfalls eine ansteigende Gerade erhalten. Sie wäre aber steiler, denn der Zug hat eine größere Geschwindigkeit als der in Bild 2.

Bewegungen können mithilfe von Diagrammen dargestellt werden.
Bei einer gleichförmgen Bewegung ist der Weg proportional zur Zeit.

AUFGABEN

1 ○ Beschreibe das Zeit-Weg-Diagramm einer gleichförmigen Bewegung.

2 ○ Nenne die Art der Geschwindigkeit, die das Tachometer im Auto anzeigt.

3 ◕ Erkläre mithilfe eines Beispiels den Begriff Durchschnittsgeschwindigkeit.

4 ◕ a) Eine Modelleisenbahn hat eine gleichbleibende Geschwindigkeit von 0,5 m/s. Erstelle ein Zeit-Weg-Diagramm für diese Bewegung.
◕ b) Zeichne in das Diagramm die Gerade einer Modelleisenbahn ein, die schneller fährt als der Zug im Aufgabenteil a).
◕ c) Berechne die Geschwindigkeit der Modelleisenbahn von Aufgabenteil b).

5 ● Ein Auto fährt 30 min mit einer gleichbleibenden Geschwindigkeit von 80 km/h und anschließend 1h mit einer Geschwindigkeit von 140 km/h. Berechne die Durchschnittsgeschwindigkeit des Autos.

6 ● Sabine möchte eine Strecke von 200 km in 2 Stunden zurücklegen. In der 1. Stunde fährt sie mit einer Durchschnittsgeschwindigkeit von 80 km/h. Berechne, mit welcher Durchschnittsgeschwindigkeit sie in der 2. Stunde fahren muss.

93

1 Autobahn

Die beschleunigte Bewegung

Beschleunigung von Fahrzeugen

Ein Fahrzeug fährt auf die Autobahn. Damit es in den fließenden Verkehr einfädeln kann, muss es beschleunigt werden. Das Fahrzeug wird schneller, die Geschwindigkeit nimmt zu. Wird das Fahrzeug gleichmäßig beschleunigt, so nimmt z. B. die Geschwindigkeit in jeder Sekunde um 5 km/h zu. Bei einer beschleunigten Bewegung ändert sich die Momentangeschwindigkeit. Du kannst die **Beschleunigung** berechnen, in dem du die Geschwindigkeitszunahme durch die Zeit dividierst.

Die Beschleunigung bekommt als Formelzeichen den Buchstaben a.
Die Einheit der Beschleunigung ist m/s² (lies: Meter pro Sekunde im Quadrat).

Für die Beschleunigung gilt:

Beschleunigung =

$$\frac{\text{Geschwindigkeitszunahme}}{\text{Zeit}}$$

$$a = \frac{v}{t}$$

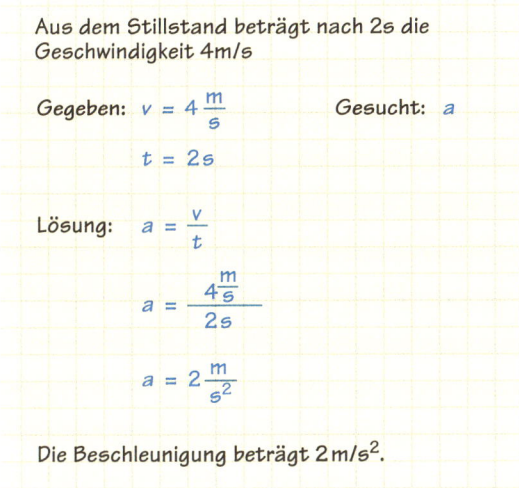

Aus dem Stillstand beträgt nach 2s die Geschwindigkeit 4m/s

Gegeben: $v = 4\,\frac{m}{s}$ Gesucht: a

$t = 2s$

Lösung: $a = \dfrac{v}{t}$

$a = \dfrac{4\,\frac{m}{s}}{2s}$

$a = 2\,\dfrac{m}{s^2}$

Die Beschleunigung beträgt $2\,m/s^2$.

2 Berechnung der Beschleunigung

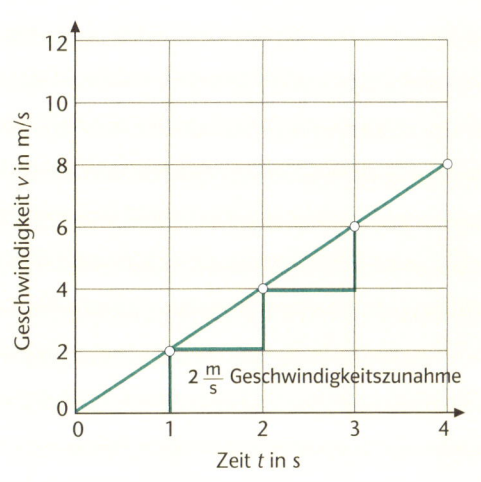

3 Zeit-Geschwindigkeits-Diagramm

Das Rechenbeispiel in Bild 2 zeigt dir, wie du die Beschleunigung berechnen kannst. Eine gleichmäßige Beschleunigung von $2\,m/s^2$ bedeutet: Die Geschwindigkeit nimmt in jeder Sekunde um 2m/s zu.

Das Zeit-Geschwindigkeits-Diagramm
Wenn du die Formel für die Beschleunigung umstellst, dann kannst du die Momentangeschwindigkeit berechnen. Die Formel dafür ist:
$v = a \cdot t$

In der Tabelle ($\triangleright$ B 4) sind für die gleichmäßige Beschleunigung $a = 2\,m/s^2$ einige berechnete Momentangeschwindigkeiten dargestellt. Diese Werte werden in ein Zeit-Geschwindigkeits-Diagramm übertragen ($\triangleright$ B 3). Alle Werte liegen auf einer ansteigenden Geraden.

t in s	v in m/s
0	0
1	2
2	4
3	6
4	8

4 Zeit-Geschwindigkeits-Tabelle

Die Beschleunigung ist der Quotient aus der Geschwindigkeitszunahme und der Beschleunigungszeit.

$a = \dfrac{v}{t}$

Die Einheit der Beschleunigung ist m/s^2.

AUFGABEN

1 ○ Nenne das Formelzeichen und die Einheit der Beschleunigung.

2 ○ Gib die Formel zur Berechnung der Beschleunigung an.

3 Ein Fahrzeug wird mit $a = 1,5\,m/s^2$ aus dem Stand beschleunigt.
   a) Erstelle eine Zeit-Geschwindigkeits-Tabelle.
   b) Zeichne anhand der Tabellenwerte aus Aufgabenteil a ein Zeit-Geschwindigkeits-Diagramm.

4 Ein Fahrzeug beschleunigt aus dem Stillstand. Nach 8,5 s hat es eine Geschwindigkeit von 80 km/h erreicht. Berechne die Beschleunigung.

5 ● Ein Fahrzeug wird mit $a = 2,4\,m/s^2$ beschleunigt. Berechne die Zeit, nach der das Fahrzeug aus dem Stillstand die Geschwindigkeit von 120 km/h erreicht hat.

6 ● Ein Fahrzeug fährt mit einer Geschwindigkeit von 80 km/h. Der Fahrer beschleunigt den Wagen für einen Überholvorgang innerhalb von 4 s auf 120 km/h.
   Berechne die Beschleunigung a.

1 Beschleunigung

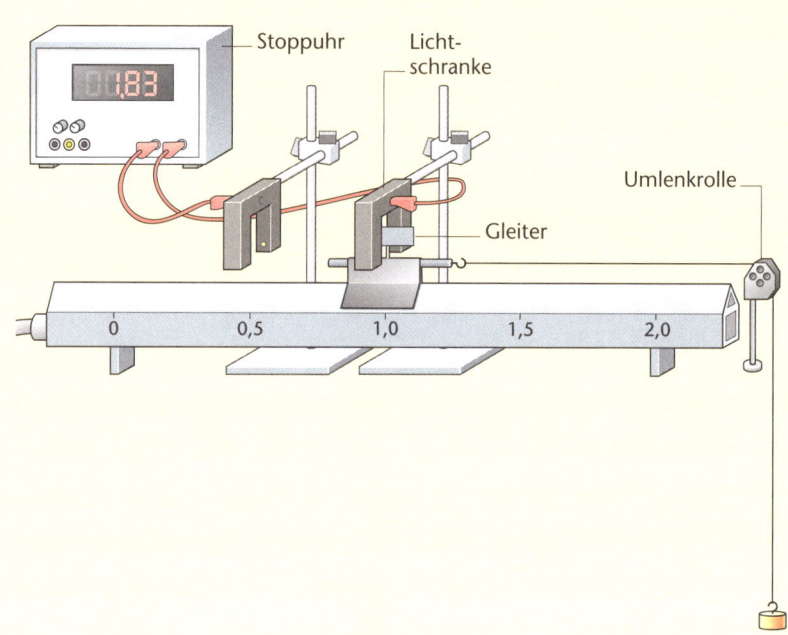

2 Luftkissenschlitten

Beschleunigung und Weg

Das Zeit-Weg-Diagramm
In Bild 2 wird ein Luftkissenschlitten mehrmals aus dem Stand beschleunigt. Die Strecke, die der Schlitten durchfährt, vergrößern wir nacheinander jeweils um 0,1 m. Die benötigte Zeit für die einzelnen Strecken wird mit einer Stoppuhr gemessen und in einer Tabelle notiert (▷ B 3).

Du kannst aus den Messwerten den folgenden Zusammenhang ablesen: Bei einer gleichmäßig beschleunigten Bewegung ist nach der doppelten Zeit der zurückgelegte Weg viermal so groß, nach der dreifachen Zeit neunmal so groß usw.

Die Werte aus der Tabelle kannst du in in ein Zeit-Weg-Diagramm übertragen. Die Verbindung der einzelnen Punkte ergibt eine Halbparabel (▷ B 4).

Berechnung des zurückgelegten Wegs
Du kannst den zurückgelegten Weg mit dem Zeit-Weg-Gesetz der gleichmäßig beschleunigten Bewegung berechnen. Es lautet:

$$s = \frac{1}{2} \cdot a \cdot t^2$$

s in m	t in s
0	0
0,1	0,82
0,2	1,15
0,3	1,41
0,4	1,63
0,5	1,83

3 Messwerte

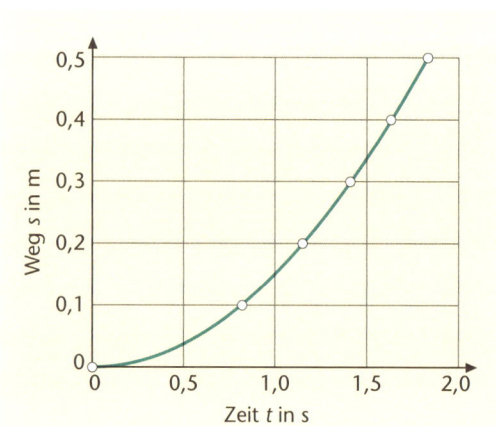

4 Zeit-Weg-Diagramm

Anhand des Beispiels in Bild 4 kannst du dir die Zusammenhänge nochmals verdeutlichen.

Immer schneller!

Wenn du von der dritten Stufe einer Treppe nach unten springst, dann kannst du den Aufprall noch gut abfedern. Mit zunehmender Höhe wird dir das aber immer schwerer gelingen (▷ B 6).
Die Fallbewegung eines Körpers aufgrund der Erdanziehung ist eine beschleunigte Bewegung. Wenn für die Fallbewegung eines Körpers nur seine Gewichtskraft verantwortlich ist, dann wird dies als **freier Fall** bezeichnet.

Freier Fall

Lässt du eine Eisenkugel los, so fällt sie auf den Boden. Aufgrund ihrer Gewichtskraft wird sie beschleunigt und die Geschwindigkeit der Kugel wird immer größer.

Auch für den freien Fall gilt das Zeit-Weg-Gesetz der beschleunigten Bewegung:

$$s = \frac{1}{2} \cdot a \cdot t^2$$

Der Luftkissenschlitten beschleunigt 2 Sekunden mit einer Beschleunigung von 0,3 m/s².
Welche Strecke hat der Luftkissenschlitten zurückgelegt?

Gegeben: $t = 2\,s$, $a = 0,3\ m/s^2$
Gesucht: s

Lösung:
$s = 1/2 \cdot a \cdot t^2$
$s = 1/2 \cdot 0,3 \cdot 2^2\ m$
$s = 0,6\ m$

Die zurückgelegte Strecke beträgt 0,6 m.

5 Beispiel-Rechnung

6 Immer schneller

Die Beschleunigung a ist auf der Erde nahezu konstant. Sie beträgt ungefähr 10 m/s². Dieser Wert wird **Erdbeschleunigung** genannt und mit dem Buchstaben g abgekürzt.
Genauere Untersuchungen zeigen, das der Wert für g z. B. am Nordpol etwas größer ist als am Äquator.

Bei einer gleichmäßig beschleunigten Bewegung ist der zurückgelegte Weg proportional zum Quadrat der Zeit.

$$s = \frac{1}{2} \cdot a \cdot t^2$$

Die Erdbeschleunigung wird mit dem Buchstaben g abgekürzt und beträgt ungefähr 10 m/s².

AUFGABEN

1 ○ Beschreibe das Zeit-Weg-Diagramm einer beschleunigten Bewegung.

2 ○ a) Gib die Formel zur Berechnung der Beschleunigung an.
◐ b) Ein Fahrzeug wird aus dem Stillstand mit $a = 0,5\ m/s^2$ beschleunigt. Erstelle eine Weg-Zeit-Tabelle.
◐ c) Zeichne anhand der Tabellenwerte aus Aufgabenteil b) ein Zeit-Weg-Diagramm.

3 ● Recherchiere, warum ein Fallschirmspringer mit geschlossenem Fallschirm nicht eine Geschwindigkeit von 600 km/h erreichen kann.

Die Kugel rollt

A1 Für diesen Versuch brauchst du: Stahlkugel (Ø 1cm), Ablaufrinne ca. 1m lang, Stoppuhr, Lineal, mehrere Unterlegematerialien (z.B. Bücher).

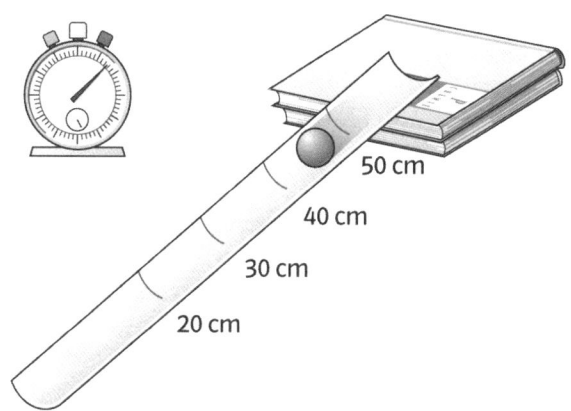

○ a) Trage mit einem Stift von einem Ende der Rinne Markierungen im Abstand von 20 cm, 30 cm, 40 cm und 50 cm ein. Lege unter das eine Ende der Rinne Bücher, sodass sie etwa 3 cm höher liegt, als das andere Ende. Setze die Kugel bei verschiedenen Markierungen in die Rinne. Eine Mitschülerin oder ein Mitschüler stoppt die Zeit, bis die Kugel auf die Tischoberfläche auftrifft. Trage deine Messergebnisse in die Tabelle ein. Führe jeweils 5 Versuche durch und berechne die Durchschnittszeit.

Strecke	gemessene Zeiten	Durchschnittszeit
30 cm		
40 cm		
50 cm		

○ b) Führe den Versuch in Aufgabe 1a noch einmal durch. Verändere die Neigung der Rinne durch das Unterlegen weiterer Bücher. Trage die Ergebnisse in die Tabelle ein:

Strecke	gemessene Zeiten	Durchschnittszeit
30 cm		
40 cm		
50 cm		

◑ c) Gib an, welche Bewegung die Kugel ausführt.

Die Beschleunigung im Diagramm

A1 Bei einer gleichförmigen und einer beschleunigten Bewegung wurden die folgenden Werte gemessen.

Gleichförmige Bewegung				
Weg s in m:	2,5	5	10	15
Zeit t in s:	1	2	4	6
Geschwindigkeit v in m/s:	2,5	2,5	2,5	2,5

Beschleunigte Bewegung				
Weg s in m:	1	4	16	36
Zeit t in s:	1	2	4	6
Geschwindigkeit v in m/s:	2	4	8	12

○ a) Übertrage die Messwerte in die beiden Diagramme. Verwende für jeden Bewegungstyp eine eigene Farbe.

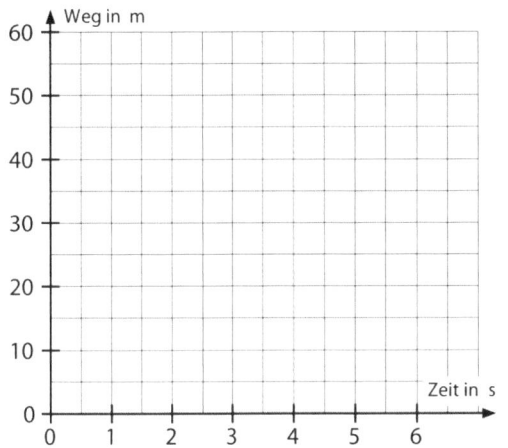 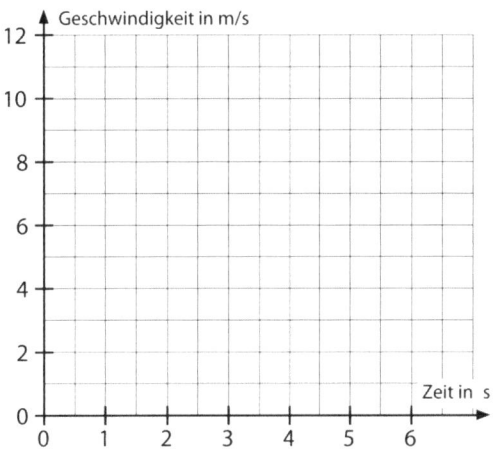

◐ b) Lies aus den Diagrammen ab, welche Strecke nach 5 s zurückgelegt wurde und welche Geschwindigkeit die Fahrzeuge haben.

_____

_____

● c) Beschreibe, wie sich die Bewegungen in den Diagrammen unterscheiden. Fülle die Lücke aus.

Bei der gleichförmigen Bewegung sind Zeit und Strecke _____ zueinander. Für die

gleichförmige Beschleunigung gilt: nach der doppelten _____ wird die _____

zurückgelegt.

● **A2** Im Bild ist eine Fahrkurve dargestellt. Nenne den Diagrammtyp.

_____

Das Fahrzeug fährt in den Abschnitten

_____

gleichförmig, in den Abschnitten

_____

beschleunigt, in den Abschnitten _____ verzögert und im Abschnitt _____ überhaupt nicht.

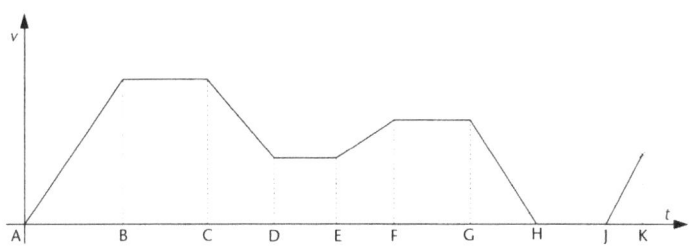

99

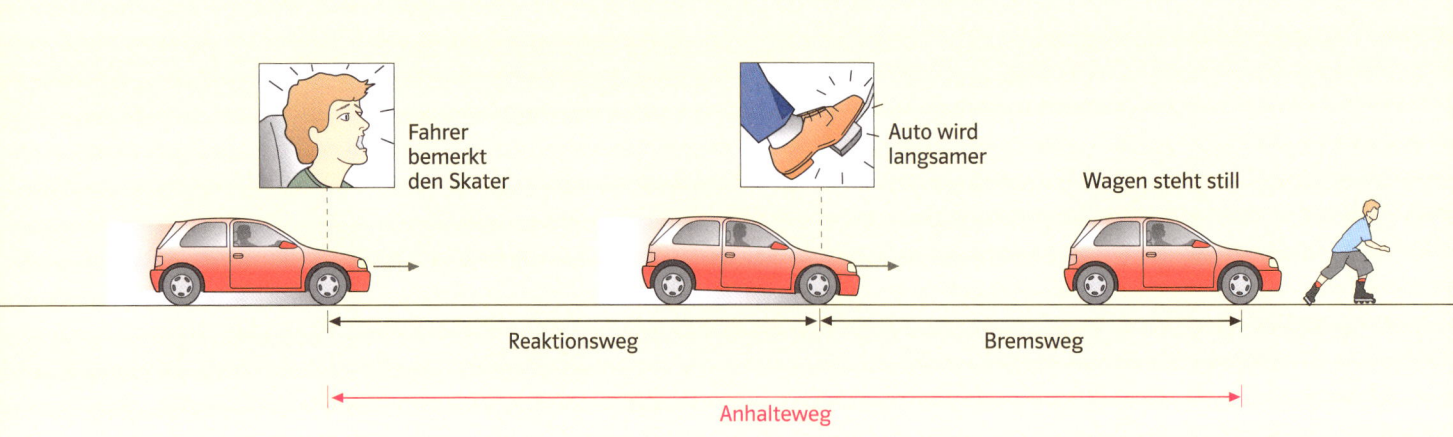

Fahrer bemerkt den Skater

Auto wird langsamer

Wagen steht still

Reaktionsweg

Bremsweg

Anhalteweg

1 Anhalteweg

Anhalte- und Bremsweg

Ablenkung mit schlimmen Folgen

„Auffahrunfall auf der A6 zwischen Kaiserslautern und Frankenthal. Am letzten Wochenende ereignete sich auf der A6 zwischen den Anschlussstellen Wattenheim und Grünstadt ein Auffahrunfall. An den beteiligten Fahrzeugen entstand erheblicher Sachschaden. Verursacht wurde der Unfall von einem Autofahrer, der nach Angaben der Polizei nur eine CD aus dem Handschuhfach holen wollte. Sein Abstand zum Vordermann habe ungefähr 50 bis 60 Meter betragen."

So begann kürzlich ein Zeitungsbericht. Warum hat der Abstand zum Vordermann nicht ausgereicht, als dieser plötzlich abbremste?

Wertvolle Sekunden

Ein Fahrer fährt mit einer Geschwindigkeit von 100 km/h. Wenn er nur 2 s lang abgelenkt wird, dann kann er in dieser Zeit nicht auf Gefahrensituationen reagieren und bremsen. Das Auto hat aber in dieser Zeit ungefähr 56 m zurückgelegt.

Der Anhalteweg

Der **Anhalteweg** setzt sich aus dem **Reaktionsweg** und dem **Bremsweg** zusammen (▷ B 1).

Nachdem der Fahrer die Gefahr erkannt hat, braucht es eine gewisse Zeit, bis er reagieren kann. Diese Zeit bezeichnet man als **Reaktionszeit**. Die Reaktionszeit beträgt in der Regel 0,7 s. Medikamente, Alkohol, Stress und Ermüdung können die Reaktionszeit wesentlich erhöhen. Laute Musik z. B. kann die Reaktionszeit um 0,2 s verlängern.

Während der Reaktionszeit fährt das Auto mit gleichbleibender Geschwindigkeit weiter. Insgesamt vergehen zwischen dem Erkennen der Gefahrensituation und dem Abbremsen des Autos ungefähr 1 Sekunde. Die Strecke, die das Auto in dieser Zeit fährt, heißt **Reaktionsweg**.

Nach der Reaktionszeit tritt der Fahrer auf die Bremse. Bis die Bremsen wirken, vergehen ungefähr 0,3 s. Das Auto wird abgebremst und immer langsamer, bis es schließlich stehen bleibt. Die Strecke, die es beim Bremsen zurücklegt, heißt **Bremsweg**. Die Strecke, die aus Reaktionsweg und Bremsweg besteht, heißt **Anhalteweg**.

Doppelt und mehr als doppelt

Beim Anhalteweg macht es einen großen Unterschied, ob ein Autofahrer mit 50 km/h oder mit 100 km/h fährt.

Im Bild 2 siehst du, dass sich bei doppelter Geschwindigkeit auch der Reaktionsweg verdoppelt. Aber der Bremsweg ist viermal so lang.

Möglichst schnell langsam werden

Bei der Scheibenbremse werden zwei Bremsbacken gegen die Seiten der Bremsscheibe gedrückt. Dadurch wird das Rad abgebremst. Die Reifen müssen diese Bremskraft auf die Straße übertragen. Wie gut ein Reifen auf der Straße haftet, hängt von verschiedenen Punkten ab, z. B. Gummimischung, Profil und Luftdruck des Reifens. Aber auch die Fahrbahnbeschaffenheit hat einen entscheidenden Einfluss auf die Länge des Bremswegs.

Je glatter die Fahrbahn ist, desto länger wird der Bremsweg. Kopfsteinpflaster oder eine nasse Fahrbahnoberfläche (▷ B 3) verlängern den Bremsweg z. B. erheblich.

Der Anhalteweg setzt sich aus dem Reaktionsweg und dem Bremsweg zusammen. Der Anhalteweg hängt z. B. ab von der Geschwindigkeit des Fahrzeugs, der Reaktionszeit des Fahrers und dem Straßenbelag.

AUFGABEN

1 ○ Beschreibe den Reaktionsweg eines Fahrzeugs.

2 Zähle Punkte auf,
   ○ a) die die Reaktionszeit eines Fahrers beeinflussen können.
   ○ b) die den Bremsweg verlängern können.

3 ◐ Bestimme die Formel, mit der der Reaktionsweg berechnet werden kann.

4 ◐ Stelle den Sachverhalt von Bild 2 in einem Säulendiagramm dar.

5 ● Ein Fahrzeug fährt mit einer Geschwindigkeit von 100 km/h. Durch Nebel beträgt die Sichtweite 50 m. Durch Ablenkung des Fahrers könnte die Reaktionszeit 1,7 s betragen. Beurteile, ob der Fahrer mit einer angemessenen Geschwindigkeit fährt.

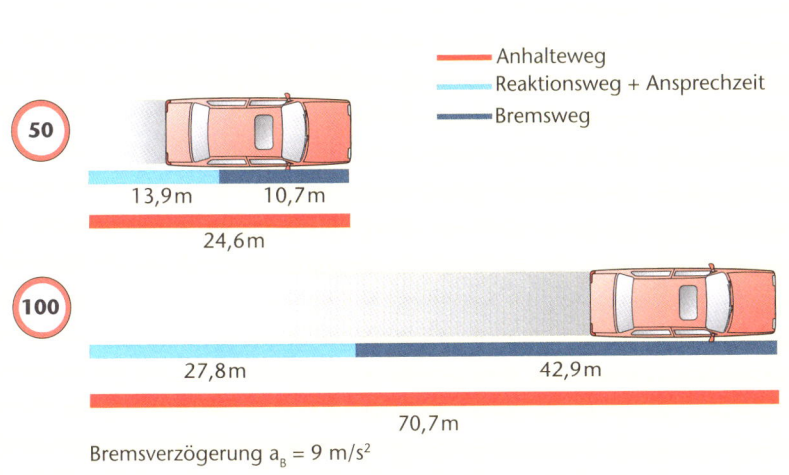

— Anhalteweg
— Reaktionsweg + Ansprechzeit
— Bremsweg

50
13,9 m   10,7 m
24,6 m

100
27,8 m   42,9 m
70,7 m

Bremsverzögerung $a_B = 9\ \text{m/s}^2$

2 Anhalteweg von zwei unterschiedlich schnellen Autos

3 Nasse Fahrbahn

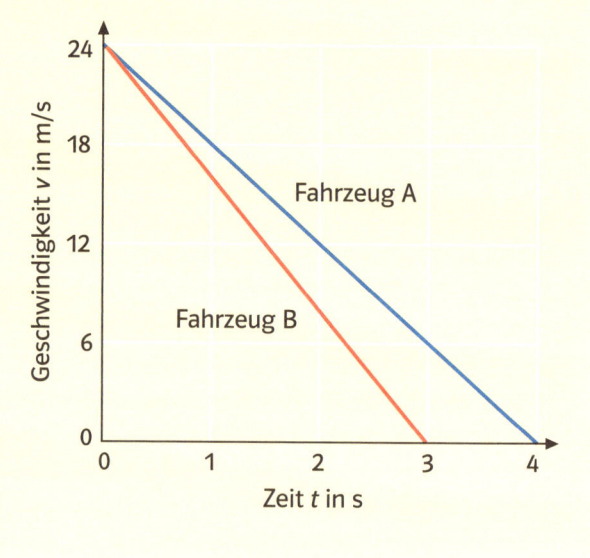

1 Bremsender PKW

2 Zeit-Geschwindigkeits-Diagramm

Die verzögerte Bewegung

Aufpassen – rote Ampel

Schaltet eine Ampel vor einem fahrenden Auto auf Rot, tritt der Fahrer auf die Bremse. Die Geschwindigkeit des Autos wird kleiner. Dies wird eine verzögerte Bewegung genannt.
Bei einer **Verzögerung** nimmt die Geschwindigkeit ab, z. B. um 20 km/h pro Sekunde.

In Bild 2 ist das Zeit-Geschwindigkeits-Diagramm von zwei verzögerten Fahrzeugen dargestellt. Fahrzeug A hat eine Anfangsgeschwindigkeit von 24 m/s. Nach 1 s hat das Fahrzeug nur noch eine Geschwindigkeit von 18 m/s. Pro Sekunde nimmt die Geschwindigkeit um 6 m/s ab. Nach 4 s kommt das Fahrzeug zum Stillstand.
Für Fahrzeug B nimmt die Geschwindigkeit schneller ab (pro Sekunde um 8 m/s).

Verzögerte Bewegung – rückwärts gesehen

Stell dir vor, du nimmst ein bremsendes Auto mit einer Videokamera auf. Wenn du den Film rückwärts abspielst, dann siehst du, wie das Auto schneller wird. Rückwärts betrachtet ist es eine Beschleunigung. Es gelten für die gleichmäßig verzögerte Bewegung die gleichen Formeln wie für die gleichmäßig beschleunigte Bewegung.

Bei einer gleichmäßig verzögerten Bewegung nimmt die Geschwindigkeit in jeder Sekunde um den gleichen Betrag ab.

AUFGABEN

1 ○ Beschreibe, was man unter einer verzögerten Bewegung versteht.

2 ◐ In Bild 2 führt das Fahrzeug B eine verzögerte Bewegung aus. Erstelle eine Zeit-Geschwindigkeits-Tabelle für dieses Fahrzeug.

3 ◐ Ein Fahrzeug hat eine Ausgangsgeschwindigkeit von 80 km/h und wird pro Sekunde um 5 m/s langsamer. Zeichne das Zeit-Geschwindigkeits-Diagramm für die gleichmäßig verzögerte Bewegung eines Fahrzeugs.

4 ● Ein Auto hat eine Geschwindigkeit von 60 km/h und wird gleichmäßig abgebremst. Nach 2,5 s steht das Auto. Berechne den zurückgelegten Weg in dieser Zeit.

Bremsweg

○ **A1** Um den Anhalteweg beschreiben zu können, benötigt man die Begriffe „Anhalteweg", „Bremsweg", „Reaktionszeit" und „Ansprechzeit". Die Aussagen zu diesen vier Begriffen sind durcheinandergeraten. Ordne Begriffe und Ausssagen durch Pfeile zu.

Anhalteweg	… ist die Zeit, die ein Fahrer benötigt, bis er reagieren kann. Während dieser Zeit fährt das Fahrzeug mit gleichbleibender Geschwindigkeit weiter.
Bremsweg	… ist die Zeit, die vergeht, bis die Bremswirkung einsetzt.
Reaktionsweg	… ist die Strecke, die ein Fahrzeug beim Bremsen zurücklegt.
Ansprechzeit	… ist die gesamte Strecke, die ein Fahrzeug zurücklegt, bis es zum Stillstand kommt.

A2 Im Diagramm siehst du das Zeit-Weg-Diagramm einer gleichmäßigen Verzögerung. Lies aus dem Diagramm folgende Daten ab:

○ a) Lies ab, nach wie vielen Sekunden das Fahrzeug zum Stehen kommt: _____

○ b) Berechne den Bremsweg: _____

◖ c) Lies ab, nach wie vielen Sekunden das Fahrzeug eine Entfernung von 60 m vor dem Hindernis hat: _____

◖ d) Lies ab, wie viele Meter das Fahrzeug nach 4 s vor dem Hindernis steht: _____

● e) Berechne, welche Strecke das Fahrzeug nach 3 s zurückgelegt hat: _____

◖ **A3** In der Fahrschule werden Reaktionsweg, Bremsweg und Anhalteweg mittels „Faustformel" berechnet. Es gilt:

_____

_____

_____

Berechne für die angegebenen Geschwindigkeiten Reaktionsweg, Bremsweg und Anhalteweg mit der Faustformel.

Geschwindigkeit (in km/h)	Reaktionsweg (in m)	Bremsweg (in m)	Anhalteweg (in m)
30			
50			
70			

Impuls und Kraft

Beim Billard

Nadja und Steffen spielen Billard. Geschickt stößt Nadja mit dem Billardstock (Queue, sprich: Kö) nach der weißen Kugel. Die weiße Kugel rollt in Richtung einer kleineren Kugel. Die weiße Kugel prallt auf die kleinere Kugel. Beide Kugeln bewegen sich jetzt – aber nicht unbedingt in dieselbe Richtung. Die kleine Kugel verschwindet in der Tasche des Billardtischs. Die weiße Kugel prallt an die Bande und ändert dabei ihre Richtung.

Billard aus physikalischer Sicht

Beim Anstoßen der weißen Kugel findet eine Wechselwirkung zwischen dem Queue und der Kugel statt. Über den Impuls wird eine Kraft auf die Kugel übertragen. Die Übertragung der Kraft führt zu einer Bewegung der Kugel.

Auch beim Zusammenstoßen zweier Kugeln findet eine Wechselwirkung statt. Der Impuls wird von der einen auf die andere Kugel übertragen. Dabei kannst du feststellen, dass je nach Masse und

1 Nadja und Steffen spielen Billiard.

2 Hau den Lukas

3 Airhockey

Auftreffpunkt die Kugeln sich beim Anstoßen unterschiedlich verhalten:
- Manchmal bleibt die anstoßende Kugel stehen und die angestoßene Kugel bewegt sich weiter.
- In einigen Fällen rollen beide Kugeln in dieselbe Richtung weiter.
- Du kannst auch beobachten, dass manchmal beide Kugel in unterschiedliche Richtungen weiterrollen.

In allen Fällen wurde ein **Impuls** von der anstoßenden Kugel auf die andere Kugel übertragen. Ursache für den Impuls war eine **Kraft**, die der Spieler über den Queue auf die Kugel übertragen hat.
Je größer die Kraft ist, desto größer ist auch die Wechselwirkung zwischen den Kugeln. Durch die Richtung der Kraft bestimmst du auch, in welche Richtung die Kugel nach dem Stoß rollt.

Manchmal trifft eine Kugel auf die Seitenbande des Billardtisches. Jetzt treten Kugel und Bande in Wechselwirkung, sodass die Kugel ihre Bewegungsrichtung ändert.

Impuls und Kraft auf der Kirmes
Auf der Kirmes kannst du bei „Hau den Lukas" ebenfalls Impuls und Kraft feststellen.

Wenn du mit dem Hammer die Schlagfläche triffst, wird deine Kraft übertragen. Eine Kugel erhält einen Impuls und schnellt in die Höhe. Je größer die Kraft ist, die auf die Aufschlagfläche trifft, desto größer ist auch der Impuls auf die Kugel.

AUFGABEN

1 Eine Kugel stößt beim Billard eine zweite Kugel an.
  ○ a) Nenne Möglichkeiten, wie sich anschließend beide Kugeln bewegen.
  ○ b) Stelle die Möglichkeiten zeichnerisch dar.

2 ◔ Beschreibe die Wechselwirkungen beim Airhockey (▷ B 3). Kannst du die auftretenden Kräfte spüren?

3 ◔ Finde weitere Beispiele für Wechselwirkungen auf Körper durch Kräfte. Beschreibe, was die Kräfte bewirken.

4 Du stößt mit einem Stock einen Luftballon an.
  ◔ a) Beschreibe die Kraftübertragung.
  ● b) Finde eine zweite Kraftwirkung. Beschreibe sie.

5 ● Plane einen Versuch, mit dem du feststellen kannst, ob ein schwererer Körper sich bei einem gleichen Impuls anders verhält als ein leichterer Körper. Führe den Versuch durch und präsentiere das Ergebnis deinen Mitschülerinnen und Mitschülern.

1 Bungee-Springen

2 Crashtest

Kräfte und ihre Wirkungen

Kräfte kommen überall in unserem Leben vor. Wir können sie nicht sehen, nur ihre Wirkungen sind für uns erkennbar (▷ B 2 – B 6). Es gibt verschiedene Arten **physikalischer Kräfte**.

Kräfte verändern die Form
Eine Kraft kann einen Körper verformen. Mit deiner Muskelkraft kannst du einen Gummiball zusammendrücken oder Knetmasse formen. Wenn du den Gummiball loslässt, dann nimmt er wieder seine ursprüngliche Form an. Die Verformung ist nicht dauerhaft. Dies ist eine **elastische Verformung**. Die Knetfigur behält ihre Form auch nach der Krafteinwirkung. Dies ist eine **plastische Verformung** (▷ V 1, B 3).

Kräfte verändern die Bewegung
Wenn eine Kraft auf einen Körper wirkt, dann kann ein Impuls auftreten. Dies führt zu einer Bewegung des Körpers. Ein bewegter Körper kann schneller oder langsamer werden, wenn eine Kraft auf ihn wirkt. Eine Kraft kann aber auch die Richtung seiner Bewegung ändern. Auch in der Umgangssprache wird das Wort Kraft

oft verwendet. Ein Waschmittelhersteller wirbt z. B. mit der großen Waschkraft eines neuen Produkts. Die Waschkraft ist aber keine physikalische Kraft. In der Physik

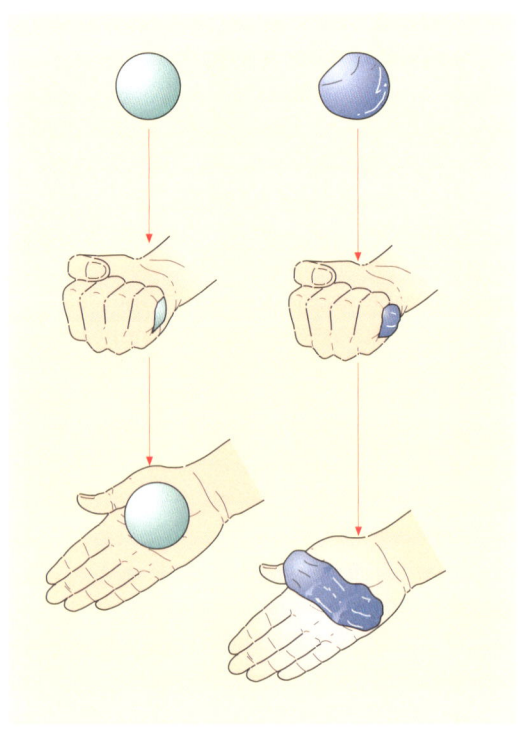

3 Elastische und plastische Verformung

106

4 Hüpfball

5 Schaukeln

spricht man nur dann vom Wirken einer Kraft, wenn bei einem Körper die Form oder die Bewegung verändert wird. (► Wechselwirkung, S. 126/127)

Kräfte erkennt man an ihren Wirkungen. Kräfte können die Form oder die Bewegung eines Körpers verändern.

6 Änderung der Bewegungsrichtung

AUFGABEN

1 ○ Nenne die möglichen Wirkungen einer Kraft.

2 ○ a) Nenne sechs Beispiele, bei denen eine Kraft die Form oder Bewegung eines Körpers ändert.
◔ b) Entwirf eine Tabelle zu den verschiedenen Wirkungen einer Kraft und sortiere zu jeder Wirkung zwei Beispiele.

3 ◔ Sortiere zwölf Worte, in denen „Kraft" vorkommt, in einer Tabelle nach physikalischer und nichtphysikalischer Bedeutung.

4 ◔ Beschreibe verschiedene Möglichkeiten, wie eine Kraft die Bewegung eines Körpers verändern kann. Beschreibe jeweils ein Beispiel.

5 ● Vergleiche den physikalischen Kraftbegriff mit dem aus der Umgangssprache. Beschreibe drei Beispiele.

VERSUCHE

1 Verforme folgende Körper: Luftballon, Knete, Draht, Schraubenfeder, Schwamm und Gummiball. Beschreibe, was jeweils passiert, wenn keine Kraft mehr auf die Körper einwirkt.

2 Lass eine Stahlkugel langsam über den Tisch rollen. Beeinflusse ihre Bewegung mit einem Stabmagneten. Beschreibe mehrere Möglichkeiten, die Bewegung der Kugel zu ändern.

3 Befestige einen Nähgarnfaden an der Stuhllehne. Hänge nun verschiedene Massestücke an den Faden. Schreibe auf, bei welcher Masse der Faden zerreißt.

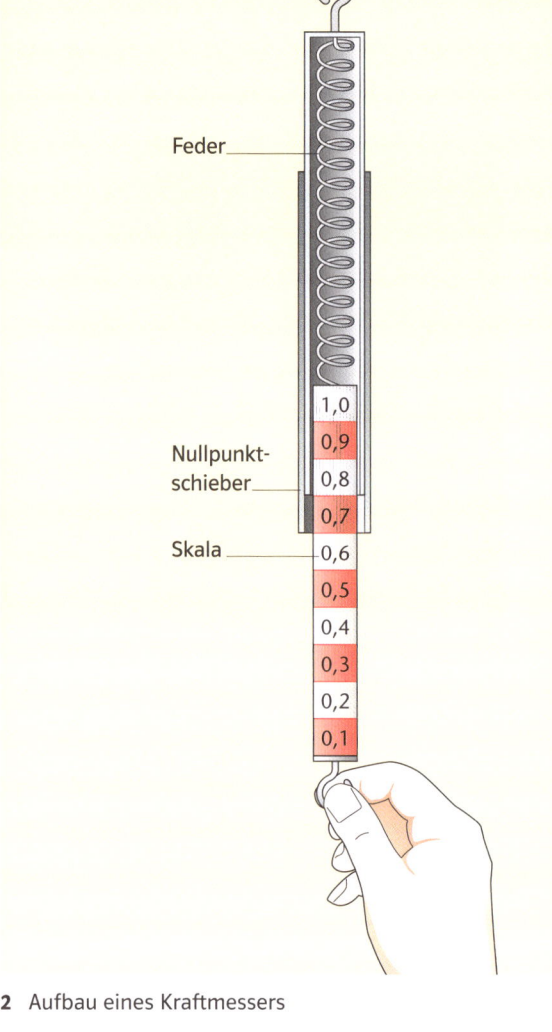

1 Ein Reißverschluss

2 Aufbau eines Kraftmessers

Feder

Nullpunkt-
schieber

Skala

1,0
0,9
0,8
0,7
0,6
0,5
0,4
0,3
0,2
0,1

Die physikalische Größe Kraft

Messen von Kräften

Um einen Reißverschluss (▷ B 1) zu öffnen, brauchst du Kraft. Mit einem **Federkraft-messer** kannst du die Größe der Kraft messen.

Zum Messen unterschiedlich großer Kräfte gibt es Federkraftmesser (▷ B 2) mit unterschiedlich starken Federn.

Umgang mit dem Federkraftmesser

Willst du eine Kraft messen, musst du einiges beachten:
– Wähle einen Kraftmesser mit geeigne-
  tem Messbereich aus.
– Überprüfe vor der Messung die Null-
  punkteinstellung.
– Sieh senkrecht auf die Skala.

Formelzeichen und Einheit

Für die Kraft wurde das Formelzeichen F festgelegt. Die Einheit Newton (N) wurde nach ISAAC NEWTON (1643 – 1727) benannt. NEWTON war ein englischer Physiker.
1000 N = 1 kN

Darstellen von Kräften

Bei einer Kraft kommt es nicht nur auf die Größe an. Wie du vom Fußballspiel oder Badminton weißt, ist auch die Richtung der Kraft wichtig.

Bei einer Kraft kommt es aber auch auf den **Angriffspunkt** an. Das ist z. B. wichtig, wenn du einen Schrank verschieben willst. Wenn du nicht aufpasst, wirfst du sonst den Schrank um.

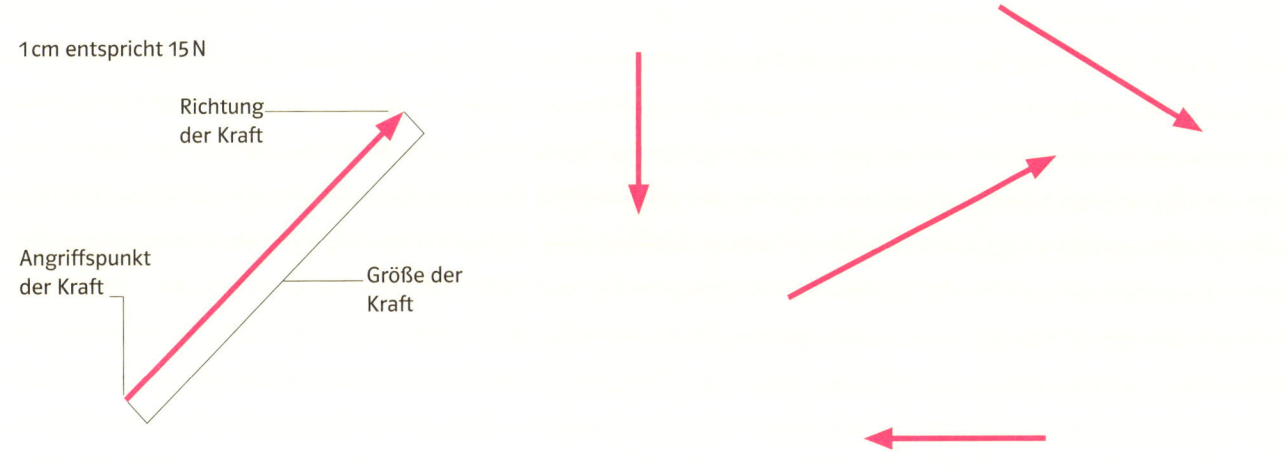

1 cm entspricht 15 N

Richtung
der Kraft

Angriffspunkt
der Kraft

Größe der
Kraft

3 Kräfte werden mit einem Kraftpfeil dargestellt.

4 Zu Aufgabe 4

Da Kräfte unsichtbar sind, kannst du sie nur an ihren Wirkungen erkennen. Kräfte werden mit Kraftpfeilen dargestellt (▷ B 3). Der Kraftpfeil beginnt am Angriffspunkt der Kraft. Seine Richtung gibt die Wirkungsrichtung der Kraft an. Seine Länge ist ein Maß für die Größe der Kraft.

Beim Zeichnen von **Kraftpfeilen** musst du einen Maßstab angeben. So kannst du z. B. festlegen, dass eine Kraft von 10 N einer Pfeillänge von 5 cm entsprechen soll. Dabei musst du darauf achten, dass du den Maßstab gut wählst. Dies ist besonders wichtig, wenn du mehrere Kraftpfeile

einzeichnen musst. Achte darauf, dass alle Kraftpfeile in deine Zeichnung passen.

Kräfte werden mit dem Federkraftmesser gemessen und mit Kraftpfeilen dargestellt.
Formelzeichen: F
Einheit: Newton (N).

AUFGABEN

1 ○ Nenne Einheit, Formelzeichen und Messgerät der Kraft.

2 ○ Schreibe die Regeln auf, die du beim Umgang mit einem Federkraftmesser beachten musst.

3 ◒ Bestimme die Größe der Kraft in Bild 3.

4 ◒ Bestimme die Größe der Kräfte in Bild 4. 1 cm Länge bedeutet 2 N Kraft.

5 ● Zeichne Kraftpfeile für 8 N, 50 N und 240 N.
a) Wähle jeweils einen geeigneten Maßstab.
b) Wähle einen gemeinsamen Maßstab.

VERSUCHE

1 Hänge einen Körper an einen Federkraftmesser und miss die Kraft, mit der er an der Feder zieht. Wiederhole den Versuch mit sieben weiteren Körpern. Trage die Messwerte in eine Tabelle ein.

5 Die Speerwerferin übt auf den Speer eine Kraft aus. Der Pfeil zeigt Angriffspunkt, Richtung und Größe der Kraft an.

Isaac Newton

1 ISAAC NEWTON

2 Spiegelteleskop

Professor mit 27 Jahren

ISAAC NEWTON (▷ B 1) wurde am 04.01.1643 in einem kleinen englischen Dorf in der Nähe von Lincolnshire geboren. Schon in seiner Jugend experimentierte er gern. Ab 1661 studierte er am Trinity College in Cambridge. Wegen einer Pestseuche wurde das College 1665 geschlossen. NEWTON führte zu Hause intensive private Untersuchungen zur Natur des Lichts und zur Gravitation durch. 1667 kehrte er nach Cambridge zurück. 1669 übernahm er dort als Professor den Lehrstuhl für Mathematik und Naturwissenschaften.

Newton als Wissenschaftler

Grundlagen seiner Studien in Cambridge waren die Arbeiten des deutschen Astronomen JOHANNES KEPLER (1571–1630), des italienischen Naturforschers GALILEO GALILEI (1564–1642) und des englischen Wissenschaftlers ROBERT BOYLE (1627–1691). Er entwickelte eine neue Rechenmethode, die Infinitesimalrechnung. Mit ihr ist es möglich, mit zeitlich veränderlichen Größen wie Kraft und Geschwindigkeit zu rechnen.

1672 baute NEWTON ein Spiegelteleskop. Im selben Jahr veröffentlichte er seine erste wissenschaftliche Arbeit zur Natur des Lichts. Er wies nach, dass weißes Licht eine Mischung farbiger Anteile ist.

NEWTON studierte die Bewegung von Körpern und Planeten. Er untersuchte die dabei wirkenden Kräfte. So entdeckte er die Gravitationskraft. Er formulierte das Gravitationsgesetz und die drei Bewegungsgesetze. Wir lernen sie noch heute so, wie er sie in seinem Buch „Principia" (Grundlagen) aufgeschrieben hat.

Sein späteres Leben

Von 1689 bis 1690 war NEWTON Abgeordneter der Universität Cambridge.

1693 hatte er einen schweren Nervenzusammenbruch. Er konnte seine Studien nicht weiterführen. NEWTON wandte sich nun alchimistischen, religiösen und politischen Themen zu. 1696 zog er nach London. 1699 wurde er Münzmeister an der königlichen Münze. 1703 wurde NEWTON Präsident der Royal Society. 1705 wurde NEWTON als erster Wissenschaftler der Royal Society zum Ritter geschlagen. Am 31.03.1727 verstarb NEWTON in London und wurde in der Westminster Abbey beigesetzt.

AUFGABEN

1 ○ Schreibe die wichtigsten wissenschaftlichen Erfolge von NEWTON auf.

2 ◑ Erstelle den Lebenslauf von NEWTON als Steckbrief.

3 ● Recherchiere bedeutende Wissenschaftler aus seiner Zeit und stelle ihre Lebensdaten und wichtigen Forschungen in einer Tabelle zusammen.

Kraft und Gegenkraft

Kräfte im Doppelpack

Lisa steht auf ihren Skatern und wirft den schweren Medizinball nach vorne weg. Dabei rollt sie nach hinten.

Wie ist das zu erklären? Mit ihren Muskeln lässt sie eine Kraft auf den Ball wirken. Gleichzeitig übt aber auch der Ball eine Kraft auf ihre Hände aus. Die Kraft des Balls wirkt entgegengesetzt zur Kraft, die Lisa ausübt. Sie wird als **Gegenkraft** bezeichnet. Beide Kräfte sind gleich groß, wirken aber entgegengesetzt.

Bei einem 100-m-Lauf kommt es auf einen schnellen Start an. Deshalb stößt sich die Läuferin in Bild 2 kräftig von dem Startblock ab. Sie drückt sich dabei fest gegen den Startblock und übt somit eine Kraft nach hinten aus. Gleichzeitig übt jedoch der Startblock eine Kraft auf die Läuferin

2 Läuferin beim Start

aus. Diese Kraft ist nach vorn gerichtet und beschleunigt die Läuferin. Auch hier sind beide Kräfte gleich groß.

Isaac Newton erkannte dieses Naturgesetz und nannte es **Wechselwirkungsprinzip**: Kraft ist gleich Gegenkraft.
Es ist eines der drei Grundgesetze der Mechanik, die Newton formulierte.

Zu jeder Kraft gibt es eine Gegenkraft. Beide Kräfte sind gleich groß, sind aber entgegengesetzt gerichtet.

AUFGABEN

1 ○ Beschreibe das Wechselwirkungsprinzip mit eigenen Worten.

2 ○ Nenne drei weitere Beispiele für das Wechselwirkungsprinzip.

3 ◒ Erkläre das Wechselwirkungsprinzip am Beispiel von Startblöcken beim 100-m-Lauf. Fertige dazu eine Skizze an.

4 ● Erkläre, wie eine Rakete durch den Rückstoß angetrieben wird.

1 Beispiel für eine Wechselwirkung

Reibungskräfte

ohne Hilfsmittel   auf einem Tuch   auf Rollen

1 Kistenwettschieben – Hilfsmittel sind ausdrücklich erlaubt

Eine Kiste wird bewegt (▷ B1). Dabei treten zwischen dem Kistenboden und dem Untergrund Reibungskräfte auf. Sie wirken entgegen der Bewegungsrichtung und schränken die Bewegung ein.

Verschiedene Reibungskräfte

Es gibt drei Arten von Reibungskräften: **Haftreibung**, **Gleitreibung** und **Rollreibung**. Auf die Kiste (▷ B1) wirken die Muskelkräfte des Mädchens und der Jungen. Die Kiste bewegt sich noch nicht. Sie haftet am Boden. In diesem Fall tritt Haftreibung auf. Gleitreibung entsteht, wenn die Kiste auf dem Untergrund gleitet. Rollt die Kiste über den Boden, tritt Rollreibung auf (▷ B2) .

Reibung erwünscht und unerwünscht

Die Größe der Reibungskraft ist von den Oberflächen der Körper abhängig. Im Winter kann man beim Gehen auf vereisten Wegen leicht hinfallen.

Um die Reibungskräfte zu vergrößern, wird Sand gestreut.
Der Wintersportler trägt Wachs auf seine Ski auf. Damit verkleinert er die Reibungskräfte zwischen den Skiern und dem Untergrund. Er kann schnell über die Piste gleiten.

Bei der Bewegung von Körpern wirken Reibungskräfte. Es gibt Haftreibung, Gleitreibung und Rollreibung. Reibungskräfte schränken die Bewegung ein.
Sie können vergrößert oder verkleinert werden.

AUFGABEN

1 ○ Nenne je vier Beispiele für erwünschte und unerwünschte Reibung.

2 ◕ Beschreibe Möglichkeiten, wie Reibung vergrößert und verkleinert werden kann. Gib je vier Beispiele an.

3 ◕ Formuliere Zusammenhänge zwischen Oberflächenbeschaffenheit und Reibungskräften. Gib je ein Beispiel an.

4 ● Vergleiche die Größe der Reibungskräfte in Bild 1. Begründe die Unterschiede.

VERSUCH

1 Führe den Versuch in Bild 2 durch. Protokolliere deine Messwerte und vergleiche die Größe der Reibungskräfte.

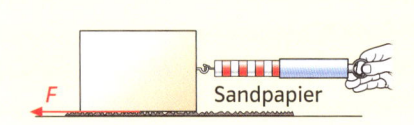 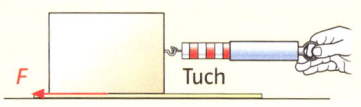 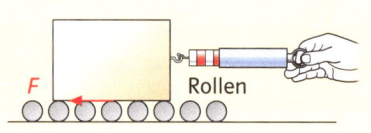

F Sandpapier F Tuch F Rollen

2 Haftreibung, Gleitreibung und Rollreibung

Trägheit

Körper sind träge

Der Bus ist voll. Einige Fahrgäste haben keinen Sitzplatz bekommen. Auch du musst im Gang stehen. Plötzlich fährt der Bus los. Du spürst einen Ruck nach hinten. Du fühlst dich dabei so, als ob dein Körper an Ort und Stelle bleiben möchte und nur der Bus nach vorne fährt. Ohne Krafteinwirkung bleibt ein Körper in Ruhe. Diese Eigenschaft von Körpern wird **Trägheit** genannt.

Körper in Bewegung

In einem sich gleichförmig bewegenden Bus kannst du noch eine weitere Beobachtung machen. Wenn du dich nicht festhältst und der Bus plötzlich abbremst, fällst du nach vorn. Es fühlt sich für dich so an, als ob dein Körper seine Bewegung nach vorne beibehalten möchte. Ein Körper bleibt in gleichförmiger Bewegung, wenn keine Kraft auf ihn wirkt. Beim Autofahren müssen sich der Fahrer und die Mitfahrer aus diesem Grund anschnallen. Wird ein fahrendes Auto stark abgebremst, verhindert der Sicherheitsgurt, dass sich die Personen weiter nach vorne bewegen.

Reibung stoppt die Bewegung

Die Erfahrungen des täglichen Lebens scheinen dem Trägheitsgesetz zu widersprechen. Eine rollende Kugel müsste eigentlich ihre Bewegung ohne Krafteinwirkung beibehalten. Tatsächlich bleibt sie aber nach einiger Entfernung stehen. Die Reibungskraft hat sie ganz allmählich abgebremst.

Jeder Körper bleibt in Ruhe oder in gleichförmiger Bewegung, wenn keine Kraft auf ihn wirkt. Diese Eigenschaft von Körpern wird Trägheit genannt.

AUFGABEN

1. ○ Nenne das Trägheitsgesetz.

2. ◔ Auf einem Blatt Papier steht eine 2-Euro-Münze auf dem Rand. Kannst du die Münze vom Blatt bekommen, ohne sie zu bewegen? Beschreibe den Versuch.

3. ● Finde weitere Beispiele aus dem Alltag für das Trägheitsgesetz.

1 Fahrgäste in einem Bus

1 Bus und Mofa fahren an.

Das Newton'sche Kraftgesetz

Start an der Ampel

Bus und Mofa stehen nebeneinander. Wer beschleunigt beim Start auf den ersten Metern schneller? Der Bus hat einen großen und starken Motor. Dennoch wird der Bus beim Start aus dem Stand vom Mofa überholt.

Um dies erklären zu können, müssen wir wissen, von welchen physikalischen Größen die Beschleunigung abhängt.

Bus und Mofa

Das Mofa hat gegenüber dem Bus den schwächeren Motor, also die kleinere Antriebskraft. Die Masse des Mofas ist aber im Vergleich zu der des Busses viel kleiner. Beide Größen haben einen Einfluss auf die Beschleunigung.

Kraft und Beschleunigung

Die Antriebskraft des Motors verursacht bei einem Auto eine bestimmte Beschleunigung. Ein Anhänger hat die gleiche Masse wie das Auto. Wird er an das Auto gehängt, so muss der Motor die doppelte Masse beschleunigen. Die Antriebskraft des Motors wurde aber nicht verändert. Der Motor verursacht deshalb nur eine halb so große Beschleunigung wie ohne Anhänger.

Newton'sches Kraftgesetz

Wenn die Kraft gleich groß bleibt, gilt: Je größer die Masse eines Gegenstands ist, desto kleiner ist die Beschleunigung. Bleibt die Masse des Gegenstands gleich, dann gilt: Je größer die beschleunigende Kraft ist, desto größer ist die Beschleunigung (▷ B 4; B 5).

2 Kleintransporter

F in N	s in m	t in s
0,05	1	4,1
0,10	1	2,8
0,15	1	2,3

3 Zu Aufgabe 2

Daraus hat ISAAC NEWTON (1643 – 1727) ein Gesetz abgeleitet. Im **Newton'schen Kraftgesetz** wird der Zusammenhang zwischen Kraft, Masse und Beschleunigung beschrieben:

Die Kraft ist das Produkt aus Masse und Beschleunigung.

Kraft = Masse · Beschleunigung
$F = m \cdot a$

Die Einheit der Kraft

Die Einheit der Kraft ist das Newton (N). Die Kraft von 1 N wirkt dann, wenn ein Körper mit der Masse 1 kg die Beschleunigung von 1 m/s² erreicht. Damit kann die Einheit der Kraft auch über die Masse und die Beschleunigung festgelegt werden. Es gilt:
$1\,N = 1\,kg\,m/s^2$

Wirkt auf einen Körper eine Kraft, so wird er beschleunigt.
Kraft = Masse · Beschleunigung
$F = m \cdot a$
Einheit der Kraft: $1\,N = 1\,kg\,m/s^2$

AUFGABEN

1 ○ a) Nenne das Newton'sche Kraftgesetz.
   ○ b) Nenne die Einheiten der Kraft.

2 Auf einer Luftkissenfahrbahn wird ein Gleiter mit einer Kraft beschleunigt. Die Kraft, die den Gleiter beschleunigt, wird erhöht. Die Zeit, die er für die Strecke von 1 m braucht, wird jeweils gemessen. Es ergeben sich die Messwerte in Bild 3.
   a) Berechne für jeden Versuch die Beschleunigung.
   b) Zeichne ein Kraft-Beschleunigung-Diagramm für diesen Versuch.

3 Ein Kleintransporter hat eine Masse von 8 t. Er wird beim Anfahren mit 1,2 m/s² beschleunigt. Berechne die benötigte Antriebskraft.

4 Ein Automotor hat eine Antriebskraft von 4 kN. Das Auto hat eine Beschleunigung von 3 m/s². Berechne die Masse des Autos.

5 Ein Auto mit der Masse 1500 kg soll in 9 s auf eine Geschwindigkeit von 100 km/h beschleunigt werden.
   a) Berechne die Beschleunigung des Autos.
   b) Berechne die dazu notwendige Kraft.

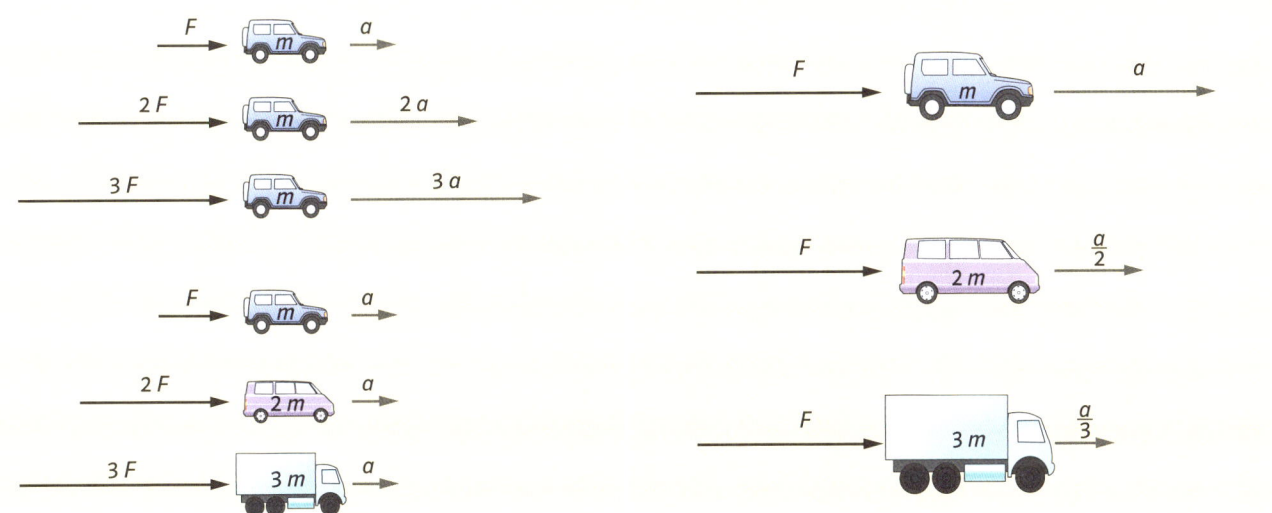

4 Die Beschleunigung – abhängig von Kraft und Masse

5 Die Kraft bleibt gleich, die Masse wird größer.

1 Nachweis der Gravitation **2** Zwischen den Schiffen wirkt eine Anziehungskraft.

Die Gravitationskraft

Alle Körper ziehen sich gegenseitig an
Die **Gewichtskraft** lässt einen Apfel von einem Baum fallen. Kräfte treten immer paarweise auf. Deshalb übt nicht nur die Erde eine Kraft auf den Apfel aus, sondern auch der Apfel auf die Erde. Es findet eine Wechselwirkung zwischen Erde und Apfel statt.
Schon ISAAC NEWTON vermutete, dass sich zwei Körper aufgrund ihrer Masse gegenseitig anziehen. Newton bezeichnete die dabei auftretenden Kräfte als **Gravitationskräfte**. Es gelang Newton aber nicht, nachzuweisen, dass sich zwei Massen gegenseitig anziehen. Der Apfel fällt zwar zur Erde, die Erde bewegt sich wegen ihrer Trägheit aber nur unmerklich auf den Apfel zu.

Der Nachweis der Gravitationskraft
Der Physiker HENRY CAVENDISH (1731–1810) wies 1797 nach, dass sich zwei Massen anziehen.

Seinen Versuchsaufbau siehst du in Bild 1. Dabei sind zwei kleine Kugeln über einen Stab miteinander verbunden. Der Stab ist an einem Faden aufgehängt. Am Faden ist ein kleiner Spiegel befestigt. Ein Lichtstrahl fällt auf den Spiegel. Er wird an eine bestimmte Stelle an der Wand reflektiert und erzeugt dort einen Lichtfleck.
Wenn du nun zwei große schwere Kugeln in die Nähe der kleinen Kugeln bringst, dann ziehen sich die großen und kleinen Kugeln gegenseitig an.
Die großen Kugeln sind so befestigt, dass sie sich nicht bewegen können. Die kleinen Kugeln bewegen sich tatsächlich langsam auf die großen Kugeln zu. Dadurch dreht sich der Spiegel ein wenig.

Der Lichtstrahl wird deshalb ein wenig aus seiner ursprünglichen Richtung abgelenkt. Das kannst du daran erkennen, dass sich der Lichtfleck an der Wand verschiebt.

Die Größe der Gravitationskraft

Die Stärke der Gravitationskraft zwischen einem Körper und der Erde lässt sich einfach bestimmen. Im Versuch 1 misst du die Gewichtskraft bei unterschiedlichen Massestücken. Dazu hängst du ein Massestück an einen Kraftmesser. Du kannst nun am Kraftmesser die Stärke der Gewichtskraft ablesen (▷ B 3).

Ein Masse von 100 g wird mit einer Kraft von etwa 1 N von der Erde angezogen. Der Versuch zeigt auch, dass Masse und Gewichtskraft proportional zueinander sind. Bei einer Verdoppelung der Masse verdoppelt sich auch die Gewichtskraft.

Die beiden Kreuzfahrtschiffe in Bild 2 haben etwa einen Abstand von 300 m zueinander. Die Anziehungskraft zwischen den Schiffen beträgt etwa 10 N. Aufgrund von Reibungskräften und der Trägheit werden sich die beiden Schiffe nicht merklich aufeinander zubewegen.

Das Gravitationsfeld

Gravitationskräfte wirken auch im Weltall. So bewirken z. B. die Anziehungskräfte zwischen Mond und Erde Ebbe und Flut. Die Gravitationskräfte bewirken auch, dass sich die Erde um die Sonne bewegt. Die Gravitationskräfte zwischen zwei Körpern wirken auch über große Entfernungen. Sie werden zwar mit zunehmendem Abstand geringer, verschwinden aber nie ganz. Den Bereich um einen Körper, in dem die Gravitationskraft wirkt, bezeichnet man als **Gravitationsfeld**.
(▶ Wechselwirkung, S. 126/127)

Alle Körper ziehen sich gegenseitig an. Die Kraft, die zwischen ihnen wirkt, heißt Gravitationskraft.
Die Gravitationskraft, die zwischen einem Körper und der Erde wirkt, wird als Gewichtskraft bezeichnet.
Ein Körper mit einer Masse von 100 g hat ungefähr eine Gewichtskraft von 1 N.
Das Gravitationsfeld ist der Raum um einen Körper, in dem die Gravitationskraft wirkt.

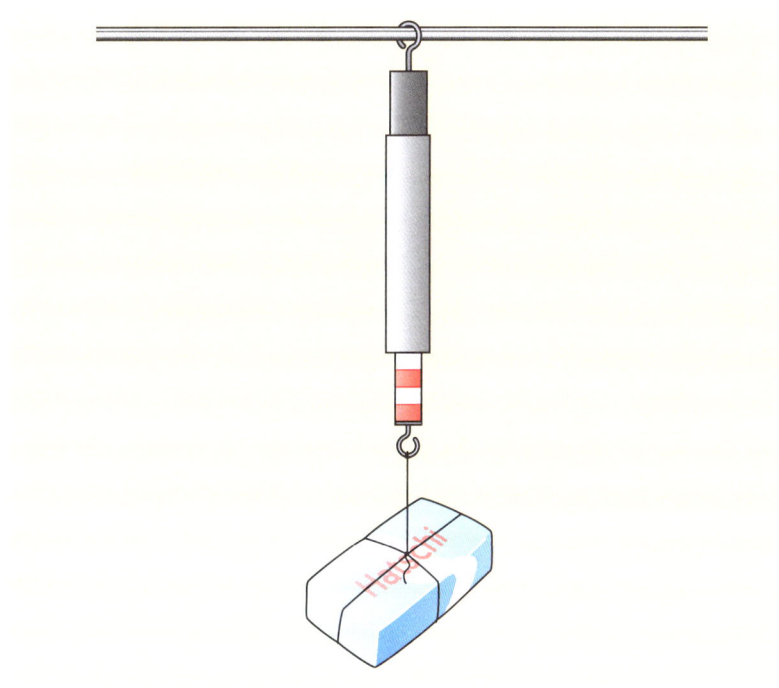

3 Zu Versuch 1

AUFGABEN

1　○　Gib an, was man unter der Gravitationskraft versteht.

2　○　Eine Tafel Schokolade hat etwa eine Masse von 100 g. Berechne die Gewichtskraft der Schokolade.

3　◒　Ein 20-l-Zementsack hat etwa eine Gewichtskraft von 250 N. Berechne die Masse des Zementsacks.

4　◒　Ordne folgende Massen nach ihrer Größe: 3 t, 2 mg, 500 g, 0,58 kg, 0,001 t, 2 kg, 600 000 mg. Beginne mit der kleinsten. Berechne anschließend die Gewichtskräfte der Massen.

5　●　Begründe, warum die Anziehung der Kugeln von CAVENDISH mithilfe eines Lichtstrahls nachgewiesen wurde.

VERSUCH

1　Für diesen Versuch benötigst du einen Kraftmesser (Messbereich 2 N) und 5 Massestückchen zu je 10 g. Miss mit dem Kraftmesser die Gewichtskraft einer Masse von 10 g, 20 g, 30 g, 40 g und 50 g (▷ B 3)
a) Gib den Zusammenhang zwischen Masse und Gewichtskraft an.
b) Erstelle aus deinen Messwerten ein Diagramm.

1 Stabhochspringer

2 Das Auto wird beschleunigt.

Energie

Energie und Arbeit

Ein Hochspringer geht an den Start. Er nimmt Anlauf und springt in die Höhe (▷ B 1). Er braucht Energie, um über das Hindernis zu springen. Diese **Energie** hat er über die Nahrung aufgenommen. Mithilfe dieser Energie kann er jetzt arbeiten. Er hebt beim Sprung seinen Körper an und verrichtet Hubarbeit.

Wird ein Auto beschleunigt (▷ B 2), so wird an ihm **Beschleunigungsarbeit** verrichtet. Die dafür benötigte Energie steckt im Treibstoff.

Energie ist die Fähigkeit, **Arbeit** zu verrichten. Deshalb haben Energie und Arbeit die gleiche Einheit, das Joule (J). Für die physikalische Größe Energie wird das Formelzeichen E verwendet.

Eine Masse hat Energie

Ein Experimentierwagen ist über ein Seil und eine Umlenkrolle mit einem Massestück verbunden (▷ B 3).

Das Massestück bewegt sich nach unten und beschleunigt den Wagen. Es hat Energie und kann somit an dem Wagen Beschleunigungsarbeit verrichten. Trifft das Massestück auf dem Boden auf, wird der Wagen nicht mehr beschleunigt.

Was hat sich beim Massestück verändert? Es hat sich der Abstand zum Boden und damit seine Höhe verändert. Wird das Massestück angehoben, wird an ihm Hubarbeit verrichtet. Das hochgehobene Massestück besitzt jetzt Energie. Man nennt sie **Höhenenergie**.

Bewegt sich das Massestück nach unten, verrichtet es **Beschleunigungsarbeit**.

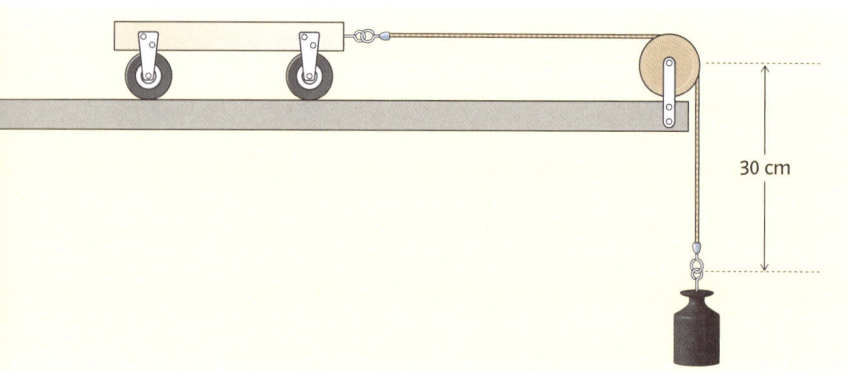

30 cm

3 Das Massestück hat Höhenenergie und leistet Beschleunigungsarbeit.

Energieerhaltung

Auf der Half-Pipe wandeln sich Höhenenergie und Bewegungsenergie ineinander um. Auch andere **Energieformen** können sich ineinander umwandeln (▷ B 4). Bei allen Umwandlungsprozessen wird aber ein Teil der Energie in die Energieform Wärme umgewandelt. Es gilt der **Energieerhaltungssatz**. Es wurde allerdings Energie in Formen (hier Wärme) umgewandelt, die wir nicht nutzen wollen oder können.

Wenn ein Körper Energie hat, dann kann er physikalische Arbeit verrichten.
Formelzeichen der Energie: E
Einheit der Energie: 1 Joule (J)
Es gibt verschiedene Energieformen. Energie kann von einer Form in eine andere umgewandelt werden. Bei jeder Energieumwandlung wird ein Teil der Energie in Wärme umgewandelt. Dabei wird keine Energie verbraucht. Es gilt der Energieerhaltungssatz.

AUFGABEN

1 ○ Zähle verschiedene Energieformen auf.

2 ○ Nenne das Formelzeichen und die Einheit der Energie.

3 ○ Beschreibe die Energieumwandlungen auf einer Halfpipe.

4 ◐ Beim Inlineskaten auf der Half-Pipe wandeln sich Höhenenergie und Bewegungsenergie ineinander um. Würde sich der Skater am oberen Rand nicht immer leicht abstoßen, würde er nicht mehr ganz den oberen Rand erreichen. Erkläre diesen Sachverhalt.

5 ◐ Eine alte Kuckucksuhr hat keine Batterie. Erkläre, woher diese Uhr die Energie für den Antrieb bekommt.

6 ● In einem Toaster befindet sich unter anderem eine Feder. Nach dem Bräunungsvorgang wird das Brot nach oben befördert. Erkläre die Funktion der Feder.

7 ● Vergleiche und bewerte die verschiedenen Energieformen miteinander.

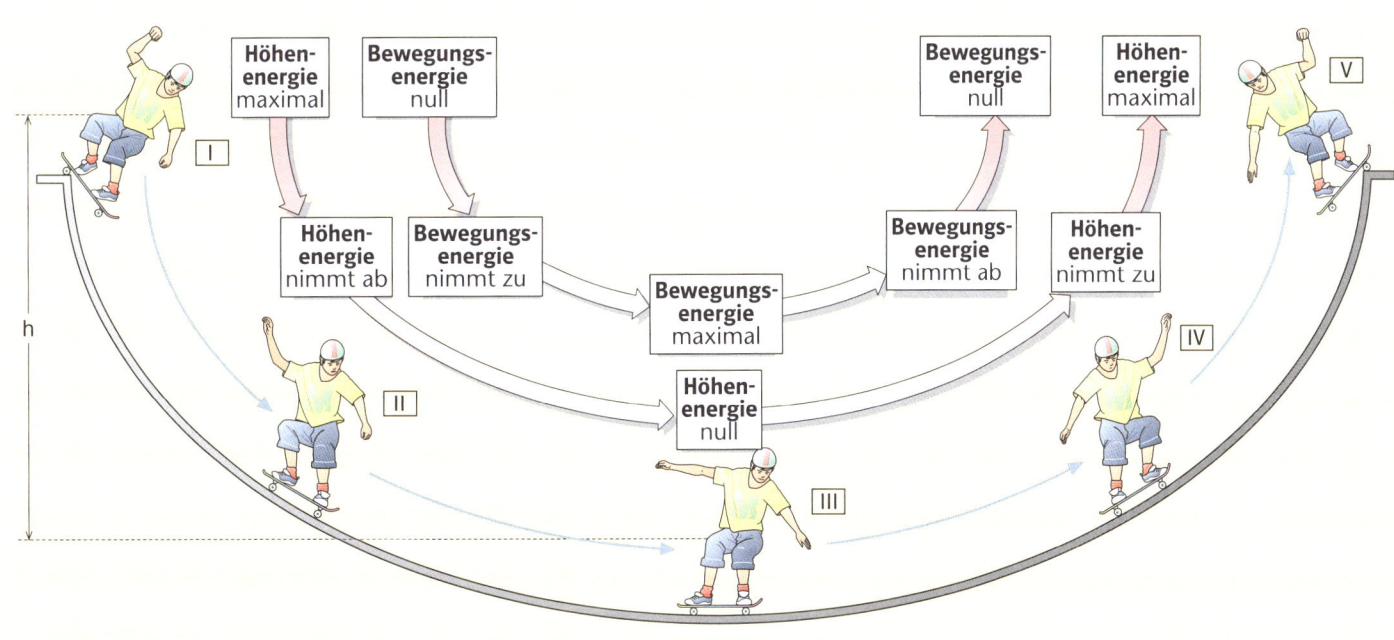

4 Energieumwandlung beim Skaten

Zusammenfassung

Bewegungen

Betrachtet man die Geschwindigkeit bei verschiedenen Bewegungsabläufen, dann kann man drei Bewegungsarten unterscheiden: die gleichförmige Bewegung, die beschleunigte Bewegung und die verzögerte Bewegung.

Die Geschwindigkeit

Die Geschwindigkeit gibt an, welchen Weg ein Körper in einer bestimmten Zeit zurücklegt.
Formelzeichen: v
Einheit: 1 m/s oder 1 km/h
Messgerät: Tachometer
Berechnung:

$$v = \frac{s}{t}$$

Beschleunigung

Die Beschleunigung gibt die Geschwindigkeitszunahme während der Beschleunigungszeit an.
Formelzeichen: a
Einheit: 1 m/s²
Berechnung:

$$a = \frac{v}{t}$$

Gesetze für die gleichmäßig beschleunigte Bewegung

Zeit-Geschwindigkeit-Gesetz: $v = a \cdot t$
Zeit-Weg-Gesetz: $s = 1/2 \cdot a \cdot t^2$

Der freie Fall

Bei der Fallbewegung handelt es sich um eine beschleunigte Bewegung. Die Erdbeschleunigung beträgt in Deutschland etwa 10 m/s².

Der Anhalteweg

Der Anhalteweg eines Fahrzeugs setzt sich aus zwei Teilstrecken zusammen:
Anhalteweg = Reaktionsweg + Bremsweg

Kraft

Kräfte kann man nur an ihren Wirkungen erkennen. Kräfte können die Form oder die Bewegung eines Körpers verändern. Kräfte werden mit Pfeilen dargestellt.
Formelzeichen: F
Einheit: Newton (N)
Messgerät: Federkraftmesser

Wechselwirkungsprinzip

Kräfte treten immer paarweise auf. Die beiden Kräfte sind gleich groß (Kraft = Gegenkraft). Die beiden Kräfte wirken in die entgegengesetzte Richtung.

Trägheitsgesetz

Ein Körper verharrt in Ruhe oder bleibt in geradliniger, gleichförmiger Bewegung, solange keine Kraft auf ihn wirkt. Diese Eigenschaft von Körpern nennt man Trägheit.

Newton'sches Kraftgesetz

Wirkt auf einen Körper eine Kraft, so wird er beschleunigt.
Es gilt: $F = m \cdot a$
Einheit der Kraft: 1 N oder 1 kgm/s²

Gravitationsfeld

Zwei Massen ziehen sich gegenseitig an. Die Kraft, die dabei wirkt, heißt Gravitationskraft. Der Raum, um den dies Gravitationskraft um einen Körper wirkt, heißt Gravitationsfeld.

Energie

Energie ist die Fähigkeit, Arbeit zu verrichten.
Formelzeichen: E
Einheit Joule (J)

Energieerhaltungssatz

Bei Energieumwandlungsprozessen werden Energieformen ineinander umgewandelt. Dabei geht keine Energie verloren.

AUFGABEN

1 ○ Zähle die unterschiedlichen Bewegungsarten auf.

👍 Super! ❓ ► S. 88/89

2 ○ Gib an, was man unter einer gleichförmigen Bewegung und was man unter einer gleichförmigen Beschleunigung versteht.

👍 Super! ❓ ► S. 92–95

3 ○ Eine Kraft kann man nur an ihren Wirkungen erkennen. Nenne mögliche Wirkungen und gib jeweils zu jeder Wirkung zwei Beispiele an.

👍 Super! ❓ ► S. 106/107

4 ○ Nenne drei Typen von Reibungskräften.

👍 Super! ❓ ► S. 112

5 Die Bewegungen von drei verschiedenen Fahrzeugen ist in Bild 1 dargestellt.
a) Lies im Diagramm ab, wie weit diese Fahrzeuge in 5 s, in 12 s und in 20 s gefahren sind.

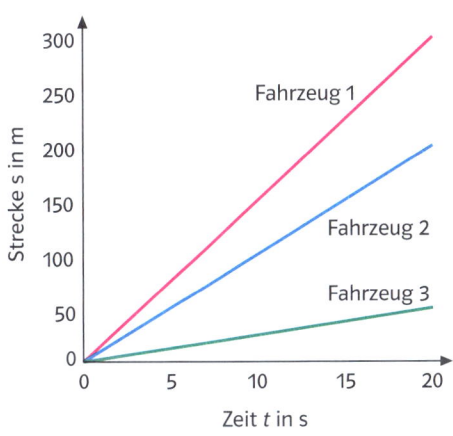

1 Zu Aufgabe 5

b) Berechne die Geschwindigkeit jedes Fahrzeugs.

👍 Super! ❓ ► S. 91–93

6 Ein Pkw fährt aus dem Stillstand an und hat nach 5 s eine Geschwindigkeit von 42 km/h. Berechne die durchschnittliche Beschleunigung.

👍 Super! ❓ ► S. 94/95

7 Finde sechs Beispiele mit Reibung und sortiere sie danach, ob Reibung erwünscht oder unerwünscht ist.

👍 Super! ❓ ► S. 113

8 ● Ein Körper bewegt sich geradlinig. Es ergeben sich folgende Messwerte:

t in s	s in m
0	0
2	3
4	12
6	27
8	48

Um welche Bewegungsart könnte es sich handeln? Begründe deine Antwort auf drei Arten: mithilfe der Messwerte, aber ohne zu rechnen, mithilfe einer Formel und mit einem Diagramm.

👍 Super! ❓ ► S. 92/93, 96/97

9 ● Du hast gelernt, dass keine Energie verloren gehen kann. Erkläre, warum es trotzdem notwendig ist, „Energie einzusparen".

👍 Super! ❓ ► S. 118/119

► Musterlösungen auf den Seiten 132–133 **121**

Materie

Für Naturwissenschaftler ist ein Stoff all das, aus dem ein Gegenstand oder ein Lebewesen besteht oder das einen Raum ausfüllt. Jeder Stoff hat bestimmte, für ihn typische Eigenschaften, die ihn von anderen Stoffen unterscheiden. Alle Stoffe sind aus kleinsten Teilchen aufgebaut. Diese Teilchen sind so klein, dass man sie selbst unter einem Mikroskop nicht sehen kann.

Daher verwendet man Modelle wie z. B. das Teilchenmodell, um die Teilchen zu beschreiben.
Das Basiskonzept Materie zeigt den Zusammenhang zwischen den kleinsten Teilchen eines Stoffes und seinen Eigenschaften. Dieses Konzept wird dir in den Naturwissenschaften immer wieder begegnen.

Aggregatzustände

Stoffe können in fester, flüssiger oder gasförmiger Form vorliegen. Die Aggregatzustände eines Stoffes lassen sich mithilfe des Teilchenmodells erklären: In einem Feststoff liegen die Teilchen dicht und sehr geordnet aneinander und sind beinahe unbeweglich. Führt man Energie in Form von Wärme zu, so bewegen sich die Teilchen schneller. In Flüssigkeiten sind die Teilchen daher ungeordnet und haben einen größeren Abstand zueinander. Bei Gasen ist der Abstand zwischen den Teilchen noch größer und sie bewegen sich frei.

Häuser in Südeuropa reflektieren das Licht.

Stoffeigenschaften

Einen Stoff erkennt man an seinen Eigenschaften. Einige Stoffeigenschaften können wir mit unseren Sinnen wahrnehmen: Farbe, Glanz, Oberflächenbeschaffenheit, Geschmack und Geruch. Stoffe dehnen sich bei einer Temperaturerhöhung verschieden stark aus. Die Eigenschaften eines Stoffes bestimmen, wozu man den Stoff verwenden kann.

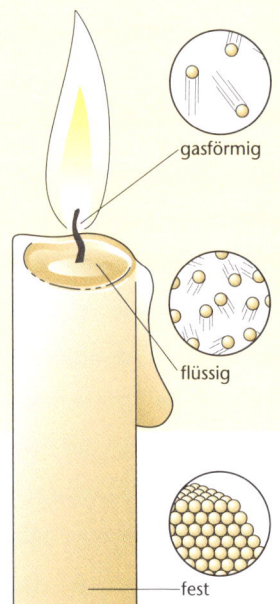

gasförmig

flüssig

fest

Aggregatzustände

Meistens begegnet dir Wasser in flüssiger Form.

Wasser

Wasser ist für uns Menschen wichtig. Neben dem flüssigen Wasser kennst du auch den gasförmigen Wasserdampf. Der Dampf kondensiert an Fensterscheiben oder Brillengläsern. Eis, Wasser in fester Form, hast du im Sommer in deinem kühlen Getränk. Wasser hat die Besonderheit, dass es sich bei Temperaturen unter 4 °C ausdehnt.

Trennverfahren

Da sich die einzelnen Bestandteile eines Stoffgemischs in verschiedenen Eigenschaften unterscheiden, kann man diese zur Trennung nutzen. Eisenhaltige Stoffgemische lassen sich mithilfe eines Magneten trennen. Der Magnet zieht nur die ferromagnetischen Anteile an, z. B. Eisen, die anderen Stoffe bleiben zurück.

Viele verschiedene Münzen sind auch ein „Stoffgemisch".

Werk- und Gebrauchsstoffe

Die Eigenschaften eines Stoffes bestimmen, wozu wir den Stoff verwenden können. So verwendet man z. B. Glas oder durchsichtigen Kunststoff, um Linsen für Brillen oder Kontaktlinsen herzustellen. Je nach Krümmung und Form entstehen Zerstreuungslinsen oder Sammellinsen.
Für Sonnenbrillen tönt man die Gläser ab, sodass unser Auge vor dem hellen Sonnenlicht geschützt ist.

Brillenfassungen aus verschiedenen Materialien

AUFGABEN

1 ○ Nenne verschiedene Stoffeigenschaften.

2 ◓ Mit dem Teilchenmodell kannst du physikalische Phänomene erklären. Suche Beispiele für Modelle in deinem Alltag. Erkläre, worin sie sich vom Original unterscheiden.

3 ● Begründe, warum die Schraubendreher für Elektriker aus Kunststoff und nicht aus Holz gefertigt sind.

4 ● Erkläre an drei Beispielen, wie die Nutzung eines Stoffs von seinen Eigenschaften abhängt.

Materie (1)

Alle Stoffe um uns herum bestehen aus kleinen Teilchen. Diese Teilchen können wir nicht sehen. Viele Erscheinungen und Vorgänge in der Natur kannst du verstehen, wenn du dir vorstellst, dass diese Teilchen eine kugelförmige Gestalt haben.

○ **A1** Die Luft um uns herum besteht aus vielen kleinen Luftteilchen.Sie übertragen den Schall, den eine Schallquelle erzeugt. Im Bild siehst du eine Stimmgabel, die von kleinen Luftteilchen umgeben ist. Schlägst du die Zinken der Stimmgabel an, beginnen sie sehr schnell hin und her zu schwingen.
Vervollständige das folgende Bild bis zum Ohr des Mädchens mit den Teilchen und der Ausbreitungsrichtung des Schalls.

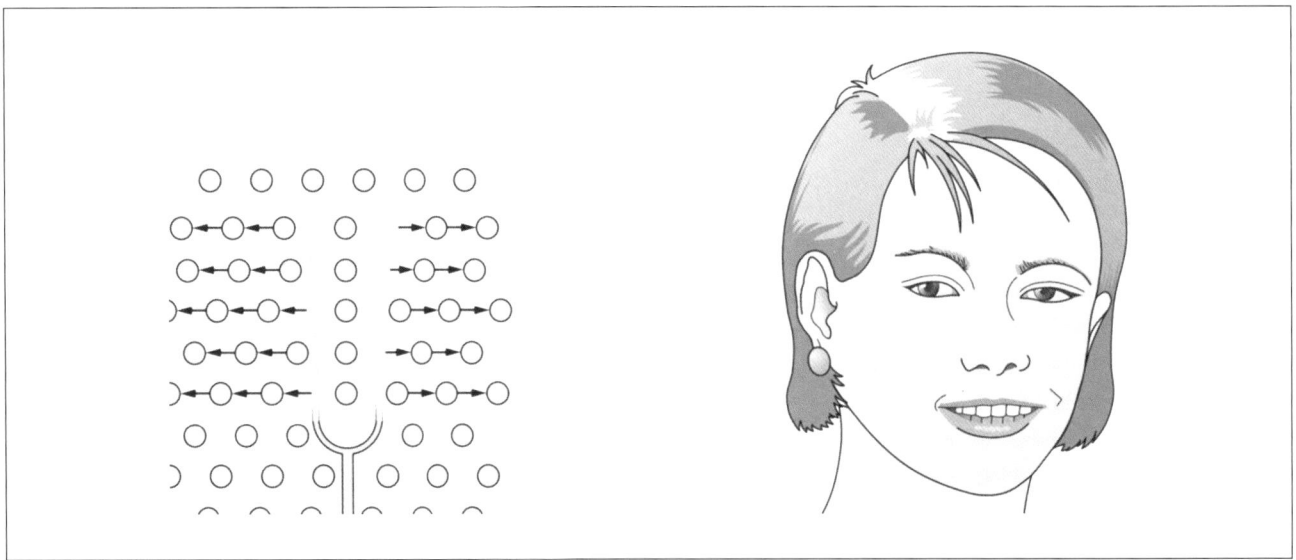

● **A2** Skizziere die verschiedenen Zustände des Wassers mit kugelförmigen Teilchen in den Umrissen der leeren Bechergläser (a - c). Die drei rechten Bilder (1 - 3) helfen dir.

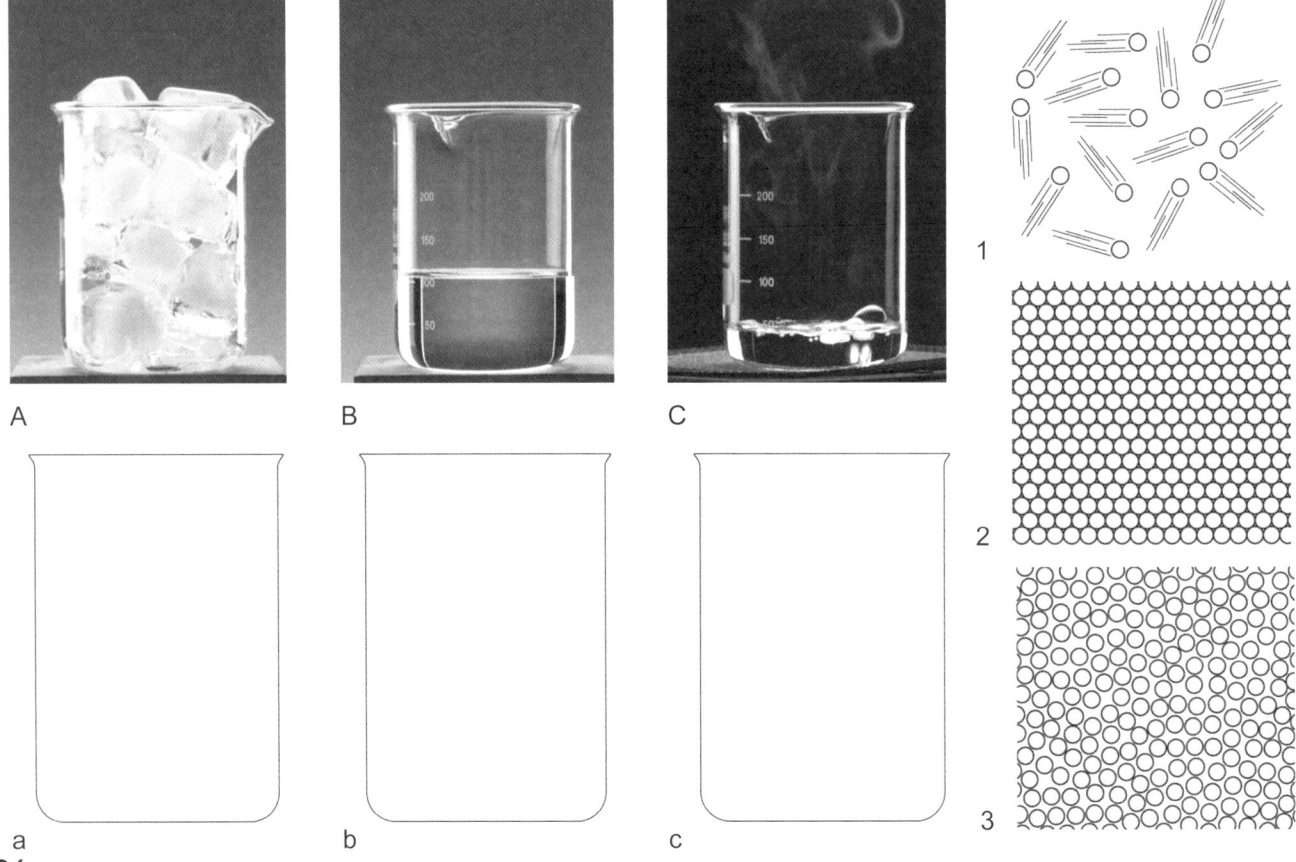

124

Wähle aus, welches der beiden Arbeitsblätter du bearbeiten möchtest.

Materie (2)

○ **A1** Vervollständige den Lückentext.

Glasflaschen, Fensterscheiben und Trinkgläser bestehen alle aus dem gleichen _____, nämlich

_____. Sie unterscheiden sich nur durch ihre _____. Es kommt im Alltag häufig vor, dass ein

_____ in verschiedenen _____ auftritt.

○ **A2** Zähle auf, in welchen Formen uns die folgenden Stoffe im Alltag begegnen:

a) Holz:

_____

b) Metall:

_____

◐ **A3** Manche Stoffeigenschaften kann man mit den Sinnen direkt wahrnehmen. Ergänze die Begriffe in den leeren
   Kästchen.

Augen	→	
Nase	→	
	→	Geschmack
	→	Wärmeleitfähigkeit, Oberflächenbeschaffenheit
Ohren	→	

● **A4** Nicht alle Sinnesorgane solltest du ohne Bedenken einsetzen. Bei welchen musst du vorsichtig sein und
   warum? Begründe.

_____

_____

_____

_____

_____

Wähle aus, welches der beiden Arbeitsblätter du bearbeiten möchtest.

Wechselwirkung

„Woher kommt das? Was ist die Ursache?" Dies sind Fragen, die sich Forscher häufig stellen. Um naturwissenschaftliche Erscheinungen zu verstehen und später nutzen zu können, muss man herausfinden, welche Ursache sie haben. Außerdem ist es wichtig zu wissen, wie Ursache und Wirkung genau zusammenhängen.

Dann wird es möglich, Vorhersagen über die Entwicklung von Abläufen zu treffen und diese zu steuern.

Magnetfelder

Jeder Magnet hat ein Magnetfeld. Das Magnetfeld selbst ist nicht sichtbar, aber an seinen Wirkungen zu erkennen.

Das Magnetfeld ist die Ursache für verschiedene Wirkungen: Wenn man zwei Nordpole einander nähert, dann stoßen sie sich ab. Wenn man einen Nordpol und einen Südpol einander nähert, dann ziehen sie sich an.

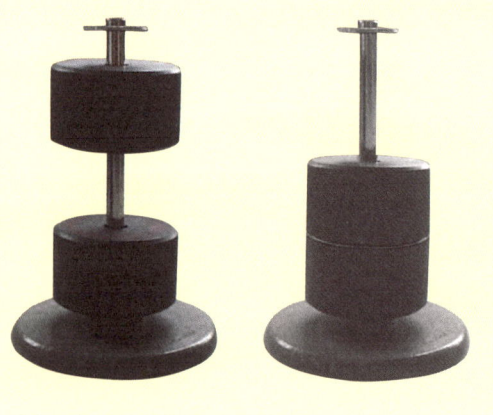

Schwebender Magnet

Schall und Wechselwirkung

Wenn du sprichst oder ein Lied singst, dann schwingen deine Stimmbänder. Die schwingenden Stimmbänder bringen die Luft zum Schwingen. Stimmbänder und Luft sind in einer Wechselwirkung zueinander. Ursache für den Schall sind die schwingenden Stimmbänder. Die Wirkung ist der Schall. Beim Hören ist es umgekehrt. Der Schall lässt das Trommelfell im Ohr schwingen. Ursache ist jetzt der Schall. Die Wirkung ist das Schwingen des Trommelfells.

Bei einem Handy findet ebenfalls eine Wechselwirkung statt. Der Lautsprecher schwingt und erzeugt dadurch Töne.

Das Mikrofon wird durch Töne zum Schwingen angeregt.

Beim Singen entsteht Schall.

Reflektor am Fahrrad

Farbe – Reflexion und Absorption

Gegenstände siehst du nur, wenn sie Licht in deine Augen reflektieren. Du siehst sie umso besser, je mehr Licht sie reflektieren.

Gegenstände mit dunkler Oberfläche sind schlecht zu sehen. Sie absorbieren (verschlucken) das Licht. Dunkel gekleidete Fußgänger erkennst du nachts deshalb nur schwer. Gegenstände mit heller Oberfläche reflektieren viel Licht. Sie sind gut sichtbar. Deshalb erkennen Autofahrer hell gekleidete Fußgänger nachts im Scheinwerferlicht besser. Auch die Reflektoren an deinem Fahrrad, am Schulranzen oder an der Kleidung sollen dich durch Reflexion schützen.

Kräfte und ihre Wirkungen

Kräfte kannst du nicht sehen, du kannst sie nur an ihren Wirkungen erkennen. Kräfte sind zum Beispiel die Ursache für die Verformung von Gegenständen. Kräfte sind auch die Ursache für die Beschleunigung, Abbremsung und Richtungsänderung von bewegten Gegenständen.

Kräfte erkennt man an ihren Wirkungen.

AUFGABEN

1 ○ Zähle die auf dieser Doppelseite beschriebenen Wechselwirkungen auf.

2 ◐ Zwei Magnete wirken aufeinander ein, ohne sich zu berühren. Plane und beschreibe Versuche, mit denen du dies zeigen kannst.

3 ◐ Max möchte eine Nachtwanderung unternehmen. Beschreibe und begründe, wie er sich kleiden sollte.

4 ● Alle Musikinstrumente beruhen auf dem Wechselwirkungsprinzip. Erläutere dies am Beispiel von drei verschiedenenartigen Musikinstrumenten.

Wechselwirkung (1)

○ **A1** Male mit Wasserfarbe oder Markern die dick umrandeten Felder der Figur in den folgenden Farben aus:
a Magenta, b Cyan, c Gelb, d Gelb + Magenta, e Magenta + Cyan, f Cyan + Gelb, g Gelb + Magenta + Cyan.

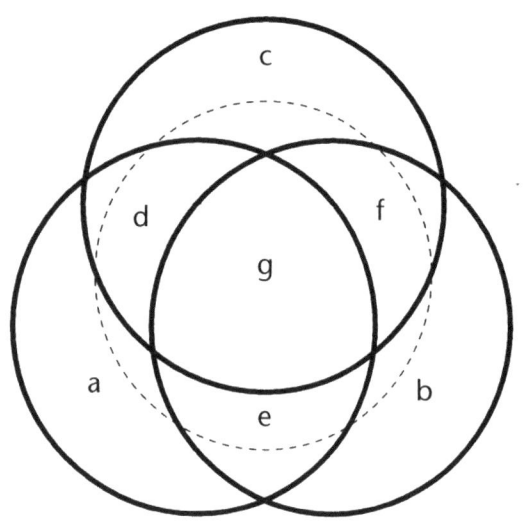
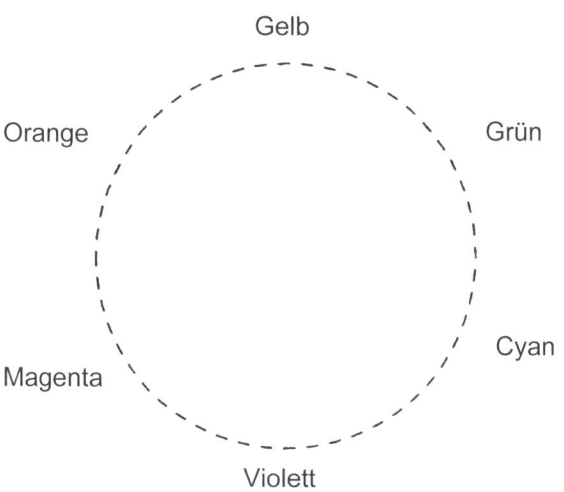

○ **A2** Durch subtraktive Farbmischung entstehen dort, wo sich die Kreise überlappen, neue Farben. Benenne sie.

d) _____   e) _____   f) _____   g) _____

◐ **A3** Beschreibe, was in der Abbildung dargestellt ist.

_____

_____

_____

_____

● **A4** Erkläre den Begriff Reibung. Vervollständige dazu den Lückentext.

Bei der _____ von Körpern entstehen durch Wechselwirkung _____.

Sie wirken entgegengesetzt zur _____und hemmen die _____

des Körpers.

Wähle aus, welches der beiden Arbeitsblätter du bearbeiten möchtest.

Wechselwirkung (2)

„Wieso können Magnete schweben? Warum wird Eisen von einem Magneten angezogen?" Wenn du ein Phänomen beobachtest und dir staunend diese Fragen stellst, geht es dir wie den Forschern. Sie beginnen bei ihren Forschungen mit den Fragen nach den Ursachen und Wirkungen von Phänomenen. Der Zusammenhang zwischen Ursache und Wirkung wird auch Wechselwirkung genannt. Wenn du diesen Zusammenhang kennst, kannst du Vorhersagen treffen. Ein Beispiel hierfür ist die magnetische Wechselwirkung.

A

B
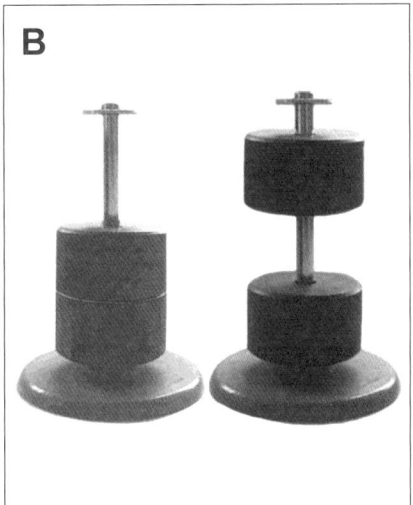

C
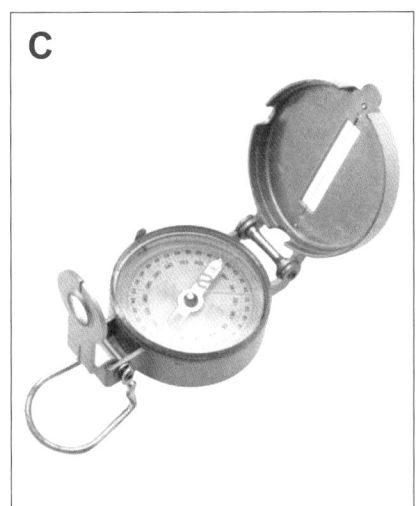

D

E
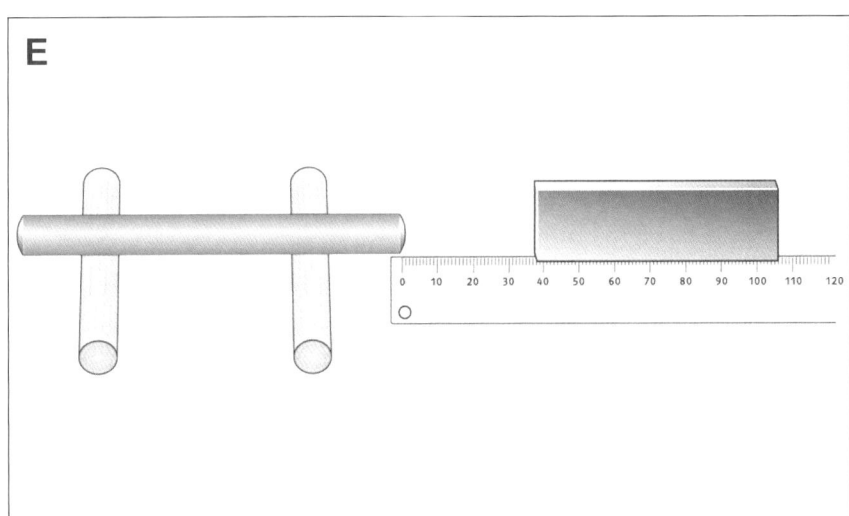

A1 Kreuze alle Aussagen an, die die magnetische Wechselwirkung richtig beschreiben. Trage anschließend an den passenden Stellen die Buchstaben der entsprechenden Bilder ein (Mehrfachnennungen möglich).

☐ Ein Magnet zieht Stoffe an, die z. B. Eisen oder Nickel enthalten. ☐

☐ Der elektrische Strom hat eine magnetische Wirkung. ☐

☐ Die Erde hat eine magnetische Wirkung. ☐

☐ Magnete ziehen einander an. ☐

☐ Bestimmte magnetische Kräfte kann man einschalten und ausschalten. ☐

☐ Ein Magnet zieht alle Stoffe an. ☐

☐ Magnete sind immer grün und rot. ☐

☐ Magnete stoßen einander ab. ☐

☐ Die magnetische Anziehungskraft wirkt auch über eine Entfernung hinweg. ☐

☐ Magnetische Kräfte kann man oft weder einschalten noch ausschalten. ☐

Wähle aus, welches der beiden Arbeitsblätter du bearbeiten möchtest.

1 Schall und Wechselwirkung

1 a) Gegenstände, die Töne und Geräusche erzeugen, heißen Schallquellen. Schallempfänger nehmen die Töne auf.

b)

Schallquelle	Schallempfänger
Geige	Ohr
Stimmgabel	Mikrofon
Mund	

2 Ein Gerät, mit dem man den Schall sichtbar machen kann, ist das Oszilloskop.

3 Die Frequenz gibt an, wie häufig ein Körper in der Sekunde schwingt.
Je höher der Ton ist, desto größer ist die Frequenz.
Die Amplitude ist der maximale Ausschlag bei einer Schwingung. Je größer die Amplitude ist, mit der ein Körper schwingt, desto lauter ist der Ton, den er erzeugt.

4 Der Frequenzbereich liegt etwa zwischen 16 Hz und 16 000 Hz.

5 Ob ein Ton bei einer Gitarre hoch oder tief ist, hängt von der Länge der Saite ab. Wenn man die Saite verkürzt, dann wird der Ton höher. Die Verkürzung der Saite gelingt durch das Abgreifen der Bünde.

6 Wird die Stimmgabel angestoßen, dann schwingt sie mit einer Frequenz von 440 Hz. Sie erzeugt dann einen Ton mit einer Frequenz von 440 Hz.

7 – Den Wecker in eine mit Watte ausgekleidete Kiste stellen und verschließen (der Deckel muss auch mit Watte ausgekleidet sein). Die Watte dient hier als Schalldämmung.
– Du kannst Ohrstöpsel tragen. Die Ohrstöpsel verschließen den Gehörgang. Außerdem bestehen sie aus einem Material, das als Schalldämmung dient.
– Wenn das Zimmer groß genug ist, kannst du ihn auch weit weg vom Kopfteil deines Betts stellen. Die Lautstärke einer Schallquelle nimmt mit der Entfernung ab.

8 Schlägst du z. B. eine Stimmgabel an, dann schwingen ihre Enden schnell hin und her. Dabei stoßen sie die Luftteilchen an, die sich in der direkten Umgebung befinden.
Auch diese Luftteilchen beginnen dadurch zu schwingen.
Normalerweise herrscht zwischen den Luftteilchen ein größerer Abstand. Durch das Anstoßen kommen sie näher zueinander.
Dadurch entsteht eine Luftverdichtung.
Die Teilchen der verdichteten Luft stoßen die nächsten Luftteilchen an, diese wieder die nächsten usw.
Die Folge ist, dass sich die Luftverdichtung in der Luft ausbreitet.
Hinter der Luftverdichtung schwingen die Luftteilchen wieder zurück in ihre alte Lage. Dadurch entsteht eine Luftverdünnung. Auch die Luftverdünnung breitet sich in der Luft aus.

9 Eine Wechselwirkung liegt vor, wenn sich Objekte gegenseitig beeinflussen.

10

	Amplitude in cm	Frequenz in Hz
blau	6	1/0,004 = 250
grün	4	1/0,008= 125
rot	3	1/0,006=166,7

11 Positiv: Die Verwendung von Kopfhörern steigert den Musikgenuss, da die Umgebungsgeräusche ausgeblendet werden. Man kann sich vollständig auf die Musik konzentrieren.
Die Menschen in der Umgebung werden auch nicht gestört, da die meisten Kopfhörer den Schall nach außen hin gut abschirmen.
Negativ: Eine intensive, laute Beschallung des Ohrs kann zu einer Hörschädigung bis hin zur Taubheit führen. Benutzt man Kopfhörer im Straßenverkehr, bekommt man die Umgebungsgeräusche nicht mit, sodass z. B. hupende Autos nicht gehört werden. Dadurch kann es zu Unfällen kommen.

12 Gegeben: $s = 3{,}5$ km $= 3500$ m
$v = 340$ m/s
Gesucht: t
Lösung: $t = s/v$
$t = 3500$ m/340 m/s
$t \approx 10{,}3$ s
Der Zeitunterschied zwischen Blitz und Donner beträgt etwa 10,3 s.

2 Optik – Strahlung und Wechselwirkung

1 Das Licht geht von der Sonne aus. Das Licht fällt auf die Rapspflanze. Das Licht wird von der Pflanze in unser Auge reflektiert.

2 Bilder der Lochkamera sind auf dem Kopf stehend und seitenverkehrt.

3 Helle Flächen absorbieren das Licht schlechter als dunkle Flächen.

4 Der Lichtstrahl wird durch einen ebenen Spiegel so reflektiert, dass der Winkel des ausfallenden Lichtstrahls genauso groß ist wie der Winkel des einfallenden Lichtstrahls.

5 Beim Übergang von Luft nach Glas wird der Lichtstrahl zum Lot hin gebrochen. Beim Übergang von Glas in die Luft wird der Lichtstrahl vom Lot weg gebrochen.

6 Die reflektierten Strahlen sind immer noch parallel zueinander. Beide haben den gleichen Reflektionswinkel.

7

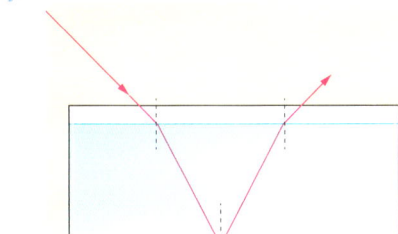

8 Man erhält eine Zeichnung ähnlich wie Bild 1 auf Seite 44. Allerdings mit anderen Winkeln.

9 Die zwei Lichtstrahlen fallen parallel zur optischen Achse auf die Sammellinse. Die Sammellinse bricht die beiden Lichtstrahlen so, dass sie hinter der Sammellinse durch den Brennpunkt gehen.

10 a) Geldscheine werden an vielen Kassen unter eine UV-Lampe gehalten, um die Echtheit des Geldscheins zu prüfen. In den Geldscheinen sind Fasern und Motive eingearbeitet, die im UV-Licht besonders aufleuchten.
b) Diese Beobachtung lässt sich unter einer IR-Lampe nicht machen, weil die Fasern und Motive der Geldscheine nur UV-Licht in sichtbares Licht umwandeln.
IR-Licht wandeln sie nicht in sichtbares Licht um.

3 Wärme und Materie

1 „C" steht für Celsius,
„F" steht für Fahrenheit,
„K" steht für Kelvin.

2 Die Aggregatszustände sind fest, flüssig und gasförmig.

3 Bei + 4 °C hat sich Wasser am stärksten zusammengezogen.

4 Feste Körper dehnen sich aus, wenn sie erwärmt werden. Sie ziehen sich zusammen, wenn sie abgekühlt werden.

5 Die Temperatur, bei der die kleinsten Teilchen eines Stoffes in Ruhe sind, bezeichnet man als absoluten Nullpunkt der Temperatur. Sie beträgt bei allen Stoffen – 273 °C oder 0 K.

6 Der Temperatursinn hilft zu verhindern, dass wir uns verbrennen oder zu stark unterkühlen. Außerdem bewart er uns vor einem Hitzschlag.

7 Flüssigkeitsthermometer bestehen aus einem kleinen Vorratsbehälter und einem Steigrohr. Der Vorratsbehälter ist vollständig mit der Thermometerflüssigkeit gefüllt und dient gleichzeitig als Messfühler. Wenn sich die Flüssigkeit beim Erwärmen ausdehnt, muss sie in das Steigrohr ausweichen. Mithilfe der Länge der Flüssigkeitssäule kann die Temperatur an der Skala abgelesen werden.

8 Brücken dehnen sich zwischen Sommer und Winter unterschiedlich stark aus. Damit dabei die Brückenpfeiler nicht beschädigt werden, liegen die Brücken auf Rollen.

9 Die Siedetemperatur ist abhängig vom Luftdruck. Je höher der Druck, desto höher ist die Siedetemperatur und umgekehrt.

131

10 Die Temperaturskalen von Celsius, Kelvin und Fahrenheit unterscheiden sich in der Angabe des Siedepunktes und des Gefrierpunktes beim Wasser unter Normalbedingungen. Die Grundlage für die Fahrenheitskala war die Körpertemperatur des Menschen.

	Celsius	Kelvin	Fahrenheit
Siedepunkt	100 °C	373 K	212 °F
Körpertemperatur	37 °C	310 K	100 °C
Gefrierpunkt	0 °C	273 K	32 °F

11 Kerzenwachs befindet sich bei Zimmertemperatur in festem Zustand. Wird der Docht einer Kerze angezündet, brennt zunächst nur der Docht. Im oberen Bereich der Kerze schmilzt das Wachs, und wird flüssig. Durch die hohe Temperatur geht das flüssige Wachs sehr schnell in den gasförmigen Zustand über. Das Leuchten der Kerze ist das Ergebnis des brennenden gasförmigen Kerzenwachses.

12 Im festen Zustand liegen die Teilchen eines Stoffes sehr dicht aneinander, sie können sich nicht bewegen. Wenn ein Stoff erwärmt wird, bewegen sich die Teilchen schneller, und haben einen größeren Abstand zueinander. Der Stoff wird zuerst flüssig und dann gasförmig. Im gasförmigen Zustand wird der Abstand zwischen den Teilchen

noch größer, sie bewegen sich frei im Raum.

13 In den Rohren einer Heizungsanlage zirkuliert eine bestimmte Wassermenge. Heizt die Anlage dasWassr auf, dehnt sich das Wasser in den Rohren aus. Das Ausdehnungsgefäß nimmt die Menge des ausgedehnten Wassers auf. Sinkt die Temperatur, wird das fließt das Wasser aus dem Ausdehnungsgefäß ab. Dadurch wird in der gesamten Heizungsanlage ein bestimmter Wasserdruck aufrechterhalten.

4 Bewegung und Wechselwirkung

1 Die gleichförmige Bewegung: Die Geschwindigkeit bleibt gleich.
Die Kurvenfahrt: Die Richtung der Bewegung ändert sich.
Die beschleunigte Bewegung: Die Geschwindigkeit der Bewegung nimmt zu.
Die verzögerte Bewegung: Die Geschwindigkeit der Bewegung nimmt ab.

2 Bei einer gleichförmigen Bewegung ist die Geschwindigkeit konstant. Bei einer gleichförmigen Bewegung sind Strecke und Zeit proportional zueinander. Der Körper legt in der doppelten Zeit die doppelte Strecke zurück.
Bei einer gleichförmigen Beschleunigung ist die Beschleunigung konstant. Bei einer gleichförmigen Beschleunigung sind Geschwindigkeit und Zeit proportional zueinander. In der doppelten Zeit verdoppelt sich die Geschwindigkeit.

3 Eine Kraft kann einen Gegenstand verformen. Beispiele: Knetmasse oder Gummiball mit der Hand zusammendrücken.
Eine Kraft kann einen Gegenstand beschleunigen oder abbremsen. Beispiele: Ball mit der Hand geradeaus werfen, beim Eishockey Puck mit Schläger anstoßen.
Eine Kraft kann die Bewegungsrichtung eines Gegenstandes verändern. Beispiele: beim Eishockey die Richtung des Pucks mit dem Schläger verändern, ein Fußballer gibt mit seinem Bein dem Ball eine andere Richtung.

4 Haftreibung, Gleitreibung und Rollreibung

5 a) siehe Tabelle, Bild 1
b) Damit die Geschwindigkeit möglichst genau berechnet werden kann, sucht man aus dem Diagramm möglichst einfache Zahlenwerte.
Fahrzeug 1:
Aus der Tabelle abgelesene Werte:
t = 20 s und s = 300 m
$v = s/t$
v = 300 m/20 s
v = 15 m/s
Fahrzeug 2:
Aus der Tabelle abgelesene Werte:
t = 20 s und s = 200 m
$v = s/t$
v = 200 m/20 s
v = 10 m/s
Fahrzeug 3:
Aus der Tabelle abgelesene Werte:
t = 20 s und s = 50 m
$v = s/t$

	Fahrzeug 1	Fahrzeug 2	Fahrzeug 3
5 s	75 m	50 m	13 m
12 s	180 m	120 m	30 m
20 s	300 m	200 m	50 m

1 Zu Aufgabe 5a)

v = 50 m/20 s
v = 2,5 m/s

6 Gegeben: t = 5 s und v = 42 km/h
gesucht: a
Formel: $v = a \cdot t$
Rechnung:
Zuerst muss die Geschwindigkeit v in m/s umgerechnet werden:
v = 42 km/h = 42 000 m/3 600 s
v = 11,7 m/s
$a = v/t$
a = 11,7 m/s/5 s
a = 2,3 m/s²
Die Beschleunigung beträgt 2,3 m/s².

7 Beim Erstarren eines Körpers wird die vorher eingesetzte Schmelzenergie als Erstarrungsenergie wieder frei.

8 Begründung mithilfe der Messwerte: Die Abstände in Meter nehmen nach je 2 s zu.
Beispiel: von der 2. zur 4. Sekunde um 12 m – 3 m = 9 m
Von der 4. zur 6. Sekunde um 27 m – 12 m = 15 m.
Es kann sich um keine verzögerte Bewegung handeln.
Nach 2 s ist die zurückgelegte Strecke 3 m. Nach der doppelten Zeit, also 4 s, müsste bei einer gleichförmigen Bewegung die Strecke doppelt so lang sein wie bei 2 s. Es müssten also 6 m sein. Es ist wesentlich mehr. Es

muss sich bei dieser Bewegung um eine beschleunigte Bewegung handeln.
Begründung mithilfe der Formel für die Durchschnittsgeschwindigkeit: Mithilfe der Formel $v = s/t$ wird die Durchschnittsgeschwindigkeit für die Zeitspanne von t = 0 s bis t = 4 s berechnet. Man erhält eine Durchschnittsgeschwindigkeit von 12 m/4 s = 3 m/s.
Für die Zeitspanne t = 4 s bis t = 8 s erhält man aber eine Durchschnittsgeschwindigkeit von (48 m – 12 m)/(8 s – 4 s) = 36 m/4 s = 9 m/s.
Bei einer gleichförmigen Bewegung müsste die Durchschnittsgeschwindigkeit immer gleich bleiben. Bei einer verzögerten Bewegung müsste die Durchschnittsgeschwindigkeit immer kleiner werden. Es kann sich also nur um eine beschleunigte Bewegung handeln.
Zeichnet man die Messwerte in ein Diagramm ein, dann erhält man die Halbparabel einer beschleunigten Bewegung wie in Bild 4 auf Seite 96.

9 Bei vielen Energieumwandlungen entsteht Wärme. Diese Wärme geht an die Umwelt verloren und steht für weitere Energieumwandlungen nicht zur Verfügung. Ein Beispiel dafür ist der Verbrennungs-

motor eines Autos. Bei dieser Energieumwandlung kann nur ein Teil der Energie des Treibstoffs für den Antrieb des Autos verwendet werden. Die Wärme, die bei der Verbrennung des Treibstoffs entsteht, muss über das Kühlwasser und den Kühler an die Umwelt abgegeben werden. Im Winter kann man mit dieser Wärme den Innenraum des Fahrzeugs wärmen. Da die Erdölvorräte immer weniger werden, ist es wichtig, Autos zu bauen, die auf 100 km 4 l und weniger verbrauchen. Im Vergleich zu Autos, die 7 l auf 100 km verbrauchen, hat man eine Ersparnis von 3 l.

Jede Aufgabe enthält einen klaren Arbeitsauftrag an dich, du musst ihn nur richtig erkennen. Je nach Formulierung erwartet deine Lehrerin oder dein Lehrer ganz unterschiedliche Antworten von dir. Diese Liste hilft dir, Arbeitsaufträge richtig zu verstehen und zu bearbeiten.

angeben/aufschreiben/aufzählen/nennen
Begriffe, Informationen oder Aussagen zusammentragen

auswerten
Ergebnisse und Schlüsse zum Beispiel aus einem Text oder Diagramm ziehen

begründen
Ursachen, Gesetze oder Beweise für etwas anführen

benennen/beschriften
Begriffe zuordnen

beschreiben
eine Sache durch Fachbegriffe und in eigenen Worten wiedergeben

beurteilen
erkennen, ob eine Aussage zutrifft, und das Ergebnis begründen

bewerten/Stellung nehmen
dir eine eigene Meinung bilden, begründen und äußern, wie du zu dem Sachverhalt stehst (gut oder schlecht)

darstellen
ein Ergebnis umfassend präsentieren

diskutieren
Meinungen austauschen, einander gegenüberstellen und abwägen

dokumentieren/protokollieren
alles Wichtige zu einem Thema oder Versuch aufschreiben und aufzeichnen

eine Vermutung formulieren
überlegen, was das Ergebnis sein könnte

einen Versuch planen
überlegen, wie ein Versuch aufgebaut, durchgeführt und ausgewertet werden könnte

erklären
eine Sache mit Regeln, Gesetzmäßigkeiten oder Ursachen darstellen

erläutern
eine Sache nachvollziehbar und verständlich darstellen

interpretieren/deuten
eine Information, die in einem Sachverhalt steckt, herausarbeiten

ordnen/zuordnen
verschiedene Sachen wie Gegenstände, Geschehnisse usw. in eine richtige Reihenfolge bringen

präsentieren
ein Referat, ein Plakat oder das Ergebnis einer Gruppenarbeit vorstellen

recherchieren
zu einem bestimmten Thema Informationen sammeln

skizzieren
eine Zeichnung erstellen, die nur das Wichtigste enthält

vergleichen
Dinge in Beziehung setzen und erkennen, was gleich, ähnlich oder unterschiedlich ist

zusammenfassen
das Wichtigste herausschreiben oder wiedergeben

U1.1 plainpicture GmbH & Co. KG (vonwegener. de), Hamburg; U1.2 Getty Images RF (E+/Michael Bodmann), München; 4.1 plainpicture GmbH & Co. KG (Hollandse Hoogte/Judith Dekker), Hamburg; 4.2 plainpicture GmbH & Co. KG (Glasshouse), Hamburg; 5.3 plainpicture GmbH & Co. KG (fStop/ Patrick Strattner), Hamburg; 5.4 plainpicture GmbH & Co. KG (Nordic Life/Terje Rakke), Hamburg; 6.1 plainpicture GmbH & Co. KG (Kniel Synnatzschke), Hamburg; 6.2 Getty Images (barisonal), München; 6.3 plainpicture GmbH & Co. KG (Stewart Waller/fStop), Hamburg; 7.4 plainpicture GmbH & Co. KG (Kniel Synnatzschke), Hamburg; 7.5 plainpicture GmbH & Co. KG (Lubitz + Dorner), Hamburg; 9.2 Thinkstock (istockphoto), München; 12.1 shutterstock (Luke Schmidt), New York, NY; 12.2 Barthelmes & Co GmbH, Tuttlingen; 13.4 Thinkstock (istockphoto), München; 13.5 Klett-Archiv, Stuttgart; 16.1 Fotolia.com (focus finder), New York; 16.2 Thinkstock (iStockphoto), München; 20.1 Fotolia.com (Yuri Davidov), New York; 23.1 dreamstime. com (Margie Hurwich), Brentwood, TN; 23.2 creativ collection Verlag GmbH, Freiburg; 23.3 iStockphoto (Daniel Gilbey), Calgary, Alberta; 23.4 shutterstock (Philip Lange), New York, NY; 23.5 Fotolia.com (ChriSes), New York; 27.1 shutterstock (Simon Pedersen), New York, NY; 27.2 Thinkstock (iStockphoto), München; 28.1 Thinkstock (Banana Stock), München; 29.2 iStockphoto (Oktay Ortakcioglu), Calgary, Alberta; 29.3 shutterstock (maga), New York, NY; 32.1 Getty Images (IAN HOOTON/Science Photo Library), München; 32.2 plainpicture GmbH & Co. KG (Nordic Life/Terje Rakke), Hamburg; 33.3 Getty Images (Yuri), München; 33.4 Getty Images (NuStock), München; 34.1 dreamstime. com (Hans Jacob Solgaard), Brentwood, TN; 36.1 Thinkstock (iStockphoto), München; 36.2 Klett-Archiv, Stuttgart; 36.3 NASA, Washington, D.C.; 37.1 FOCUS (Dante Fenolio/Photo Researchers), Hamburg; 37.2 Fotolia.com (dabobabo), New York; 37.3 Fotolia.com (Lijuan Guo), New York; 37.4 creativ collection Verlag GmbH (Creativ Collection), Freiburg; 37.5 Klett-Archiv (Günter Herzig), Stuttgart;

37.6 Avenue Images GmbH (Corbis RF), Hamburg; 37.7 shutterstock (Cathy Keifer), New York, NY; 37.8 Klett-Archiv (Hartmut Fahrenhorst), Stuttgart; 40.1A MEV Verlag GmbH, Augsburg; 40.1B Thinkstock (Hemera), München; 42.1 Getty Images (Digital Vision), München; 42.2 Mauritius Images (Seymour), Mittenwald; 46.2 Klett-Archiv (Michael Maiworm), Stuttgart; 48.1 Mauritius Images (Haag + Kropp), Mittenwald; 51.2 Klett-Archiv (Zuckerfabrik Digital), Stuttgart; 51.3 Klett-Archiv, Stuttgart; 53.1 shutterstock (Zoom Team), New York, NY; 54.1 Fotolia. com (Mike & Valerie Mille), New York; 54.2 Fotolia.com (Arsgera), New York; 55.3 Maiworm, Michael, Sprockhövel; 57.1 shutterstock (S.Rimkuss), New York, NY; 58.1A; 58.1B FLIR Systems GmbH, Frankfurt/Main; 60.1 Fotolia.com (Monkey Business), New York; 61.2 vario images (Martin Geene), Bonn; 64.1 Corbis (Tetra Images/Tetra Images), Düsseldorf; 64.2 plainpicture GmbH & Co. KG (Folio Images), Hamburg; 65.3 plainpicture GmbH & Co. KG (Johner), Hamburg; 65.4 Corbis (Sporrer/Rupp/cultura), Düsseldorf; 65.5 Getty Images (Gallo Images/LatitudeStock - Grazyna Bonati), München; 66.1 Thinkstock (Comstock), München; 67.3 Klett-Archiv (Zuckerfabrik digital), Stuttgart; 68.1A; 68.1B; 68.1C Klett-Archiv (Zuckerfabrik digital), Stuttgart; 73.2 Klett-Archiv (Hartmut Fahrenhorst), Stuttgart; 75.3 Klett-Archiv, Stuttgart; 78.2 Klett-Archiv (Klaus Hell), Stuttgart; 80.1 shutterstock (S1001), New York, NY; 82.1 VISUM Foto GmbH (Norbert Eisele-Hein), Hamburg; 83.1 Thinkstock (istockphoto), München; 86.1 plainpicture GmbH & Co. KG (Gallery Stock/Benedict Redgrove), Hamburg; 86.2 Getty Images (Digital Vision), München; 87.3 Corbis (Tetra Images), Düsseldorf; 87.4 Getty Images (Johner Images Royalty-Free), München; 87.5 plainpicture GmbH & Co. KG (Werner Dieterich), Hamburg; 88.1 Fotolia. com (Andrew Barker), New York; 89.3 Thinkstock (iStockphoto), München; 91.1 shutterstock (wavebreakmedia), New York, NY; 92.1 PantherMedia GmbH (Marcel Schauer), München; 93.3 Klett-Archiv (Joachim Ciprina), Stuttgart; 94.1 CC-BY-SA-3.0 (Böhringer), siehe *3; 96.1 Action

Press GmbH, Hamburg; 101.3 iStockphoto (Dirk Baltrusch), Calgary, Alberta; 102.1 shutterstock (Gravicapa), New York, NY; 105.2 Picture-Alliance (Sueddeutsche), Frankfurt; 106.1 iStockphoto (Silvrshootr), Calgary, Alberta; 106.2 ADAC, München; 107.4 Fotolia.com (Nicole Effinger), New York; 107.5 Fotolia. com (Jacek Chabraszewski), New York; 107.6 shutterstock (FlashStudio), New York, NY; 108.1 Thinkstock (Dorling Kindersley RF), München; 110.1 Thinkstock (iStockphoto), München; 110.2 Corbis (Jim Sugar), Düsseldorf; 111.1 Klett-Archiv (Hartmut Fahrenhorst), Stuttgart; 111.2 iStockphoto (TommL), Calgary, Alberta; 113.1 Thinkstock (Toby Burrows), München; 114.2 Daimler AG Medienarchiv, Stuttgart; 116.1 Dorling Kindersley Ltd. (Dorling Kindersley/Clive Streeter), London; 116.2 Picture-Alliance, Frankfurt; 118.1 PantherMedia GmbH (Stefan Schurr), München; 118.2 Fotolia. com (Andreas Karelias), New York; 122.2 MEV Verlag GmbH, Augsburg; 123.3 Fotolia.com (Fotolyse), New York; 123.4 Klett-Archiv (Ginger Neumann), Stuttgart; 123.5 Thinkstock (Digital Vision/Siri Stafford), München; 124.1A; 124.1B; 124.1C Klett-Archiv (Zuckerfabrik digital), Stuttgart; 126.2 PantherMedia GmbH (Phovoi R.), München; 126.1A; 126.1B Ciprina, Heinz-Joachim, Dortmund; 127.3 Busch & Müller KG, Meinerzhagen; 127.4 ADAC, München; 129.1 Klett-Archiv (Ginger Neumann), Stuttgart; 129.3 Fotosearch Stock Photography (PhotoDisc), Waukesha, WI; 129.4 dreamstime.com (Dan Van Den Broeke), Brentwood, TN; 129.2A Ciprina, Heinz-Joachim, Dortmund; 129.2B Ciprina, Heinz-Joachim, Dortmund

*3 Lizenzbestimmungen zu CC-BY-SA-3.0 siehe: http://creativecommons.org/ licenses/by-sa/3.0/de/

Sollte es in einem Einzelfall nicht gelungen sein, den korrekten Rechteinhaber ausfindig zu machen, so werden berechtigte Ansprüche selbstverständlich im Rahmen der üblichen Regelungen abgegolten.